Baedekers

TRIER

STADTFÜHRER
VON
KARL BAEDEKER

Mit 11 Karten und Plänen
und 32 Zeichnungen

KARL

VE[illegible]AG

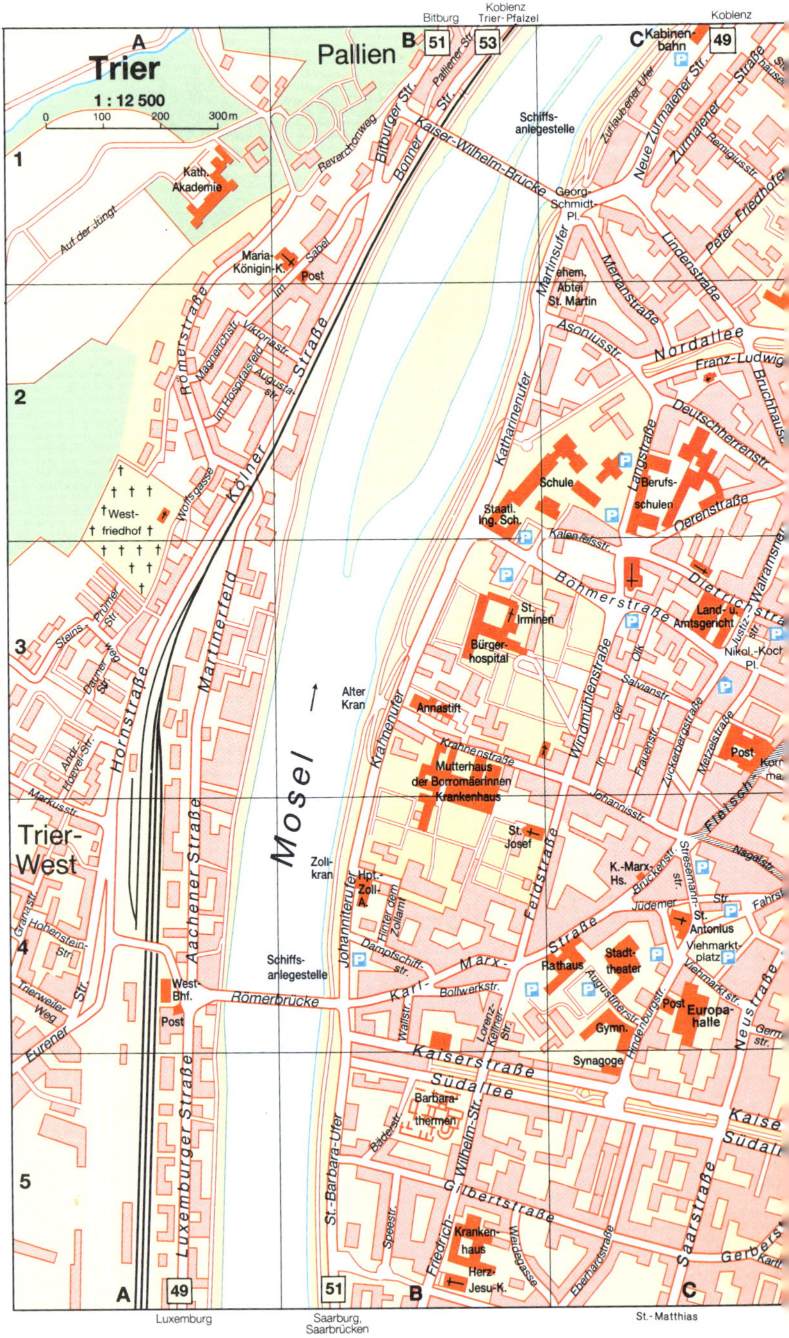
Trier
1 : 12 500
0
100
200
300 m
Pallien
Kath. Akademie
Auf der Jüngt
Reverchonweg
Bitburger Str.
Bonner Str.
Pallierer Str.
Kaiser-Wilhelm-Brücke
Schiffs-anlegestelle
Kabinen-bahn
Zurlaubener Ufer
Neue Zurmaiener Str.
Zurmaiener Straße
Remigiusstr.
Peter-Friedhofer Str.
Georg-Schmidt-Pl.
Maria-Königin-K.
Im Sabel
Post
Martinsufer
ehem. Abtei St. Martin
Maarstraße
Lindenstraße
Asoniusstr.
Nordallee
Franz-Ludwig
Bruchhausen
Römerstraße
Magnerichstr.
Viktoriastr.
Im Hospitalsfeld
Augusta-str.
Kölner Straße
Katharinenufer
Deutschherrenstr.
Langstraße
Schule
Berufs-schulen
Oerenstraße
Staatl. Ing. Sch.
Kalenfelsstr.
Wolfsgasse
West-friedhof
Böhmerstraße
Dietrichstraße
Walramsneustr.
St. Irminen
Land- u. Amtsgericht
Justizstr.
Nikol.-Koch-Pl.
Bürger-hospital
Prümer Str.
Steinsweg
Dauner Str.
Martinerfeld
Hornstraße
Alter Kran
Annastift
Windmühlenstraße
In der Olk
Salvianstr.
Frauenstr.
Zuckerbergstraße
Metzelstraße
Post
Mosel
Krahnenufer
Krahnenstraße
Mutterhaus der Borromäerinnen Krankenhaus
Johannisstr.
Fleischstr.
Andr.-Hoevel-Str.
Markusstr.
Trier-West
Aachener Straße
St. Josef
Feldstraße
Nagelstr.
Zoll-kran
Hpt.-Zoll-A.
Hinter dem Zollamt
K.-Marx-Hs.
Brückenstr.
Stresemannstr.
Judenmauer
St. Antonius
Fahrstr.
Granastr.
Hohenstein-Str.
Trierweiler Weg
Schiffs-anlegestelle
Johanniterufer
Dampfschiff-str.
Karl-Marx-Straße
Rathaus
Stadt-theater
Viehmarkt-platz
Viehmarktstr.
West-Bhf.
Post
Römerbrücke
Bollwerkstr.
Augustinerstr.
Post
Europa-halle
Neustraße
Eurener Str.
Wallstr.
Lorenz-Kellner-Str.
Gymn.
Hindenburgstr.
Germanstr.
Kaiserstraße
Synagoge
Südallee
Barbara-thermen
Kaiserstr.
Südallee
Luxemburger Straße
St.-Barbara-Ufer
Bäderstr.
Wilhelm-Str.
Gilbertstraße
Saarstraße
Speestr.
Friedrich-Wilhelm-Str.
Kranken-haus
Herz-Jesu-K.
Weidegasse
Eberhardstraße
Gerberstr.
Karthäuserstr.
A
B
C
1
2
3
4
5
49
51
53
Bitburg
Koblenz Trier-Pfalzel
Koblenz
Luxemburg
Saarburg, Saarbrücken
St.-Matthias

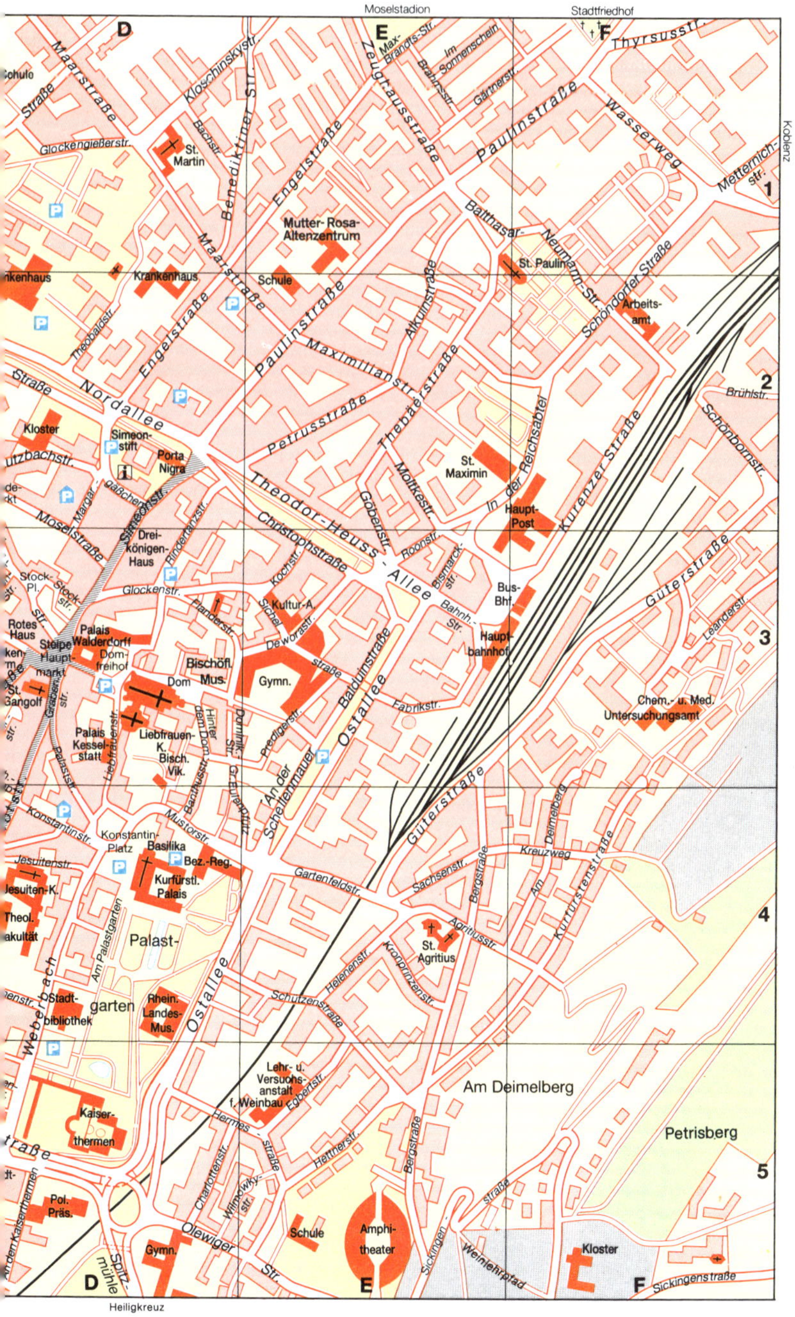
Moselstadion
Stadtfriedhof
Koblenz
Heiligkreuz
D
E
F
1
2
3
4
5
Maarstraße
Kloschinskystr.
Benediktiner Str.
Bachstr.
St. Martin
Glockengießerstr.
Straße
Krankenhaus
Theobaldstr.
Engelstraße
Maarstraße
Schule
Mutter-Rosa-Altenzentrum
Paulinstraße
Zeughausstraße
Max-Brandts-Str.
Im Sonnenschein
Brahmsstr.
Gärtnerstr.
Thyrsusstr.
Wasserweg
Metternich-str.
Balthasar-Neumann-Str.
St. Paulin
Schöndorfer Straße
Arbeits-amt
Alkuinstraße
Maximilianstr.
Thebäerstraße
Petrusstraße
Nordallee
Kloster
Simeon-stift
Porta Nigra
Simeonstr.
Moselstraße
Margaretengäßchen
Drei-königen-Haus
Rindertanzstr.
Theodor-Heuss-Allee
Christophstraße
Moltkestr.
Gößenstr.
Roonstr.
Bismarckstr.
St. Maximin
In der Reichsabtei
Haupt-Post
Kürenzer Straße
Brühlstr.
Schönbornstr.
Bus-Bhf.
Bahnh.-Str.
Haupt-bahnhof
Güterstraße
Leanderstr.
Stock-Pl.
Stockstr.
Glockenstr.
Flanderstr.
Kochstr.
Kultur-A.
Sichelstr.
Deworastraße
Rotes Haus
Steipe
Palais Walderdorff
Haupt-markt
Dom-freihof
Bischöfl. Mus.
Gymn.
St. Gangolf
Dom
Grabenstr.
Liebfrauenstr.
Palais Kessel-statt
Liebfrauen-K.
Bisch. Vik.
Hinter dem Dom
Dominikanerstr.
Predigerstr.
Balduinstraße
Ostallee
Fabrikstr.
Chem.- u. Med. Untersuchungsamt
Palaststr.
Banthusstr.
Gr. Eulenpfütz
An der Schellenmauer
Konstantinstr.
Konstantin-Platz
Basilika
Bez.-Reg.
Mustorstr.
Jesuitenstr.
Jesuiten-K.
Theol. Fakultät
Kurfürstl. Palais
Am Palastgarten
Palast-garten
Gartenfeldstr.
Sachsenstr.
Bergstraße
Kreuzweg
Am Deimelberg
Kurfürstenstraße
St. Agritius
Agritiusstr.
Helenenstr.
Kronprinzenstr.
Weberbach
Stadt-bibliothek
Rhein. Landes-Mus.
Ostallee
Schützenstraße
Lehr- u. Versuchs-anstalt f. Weinbau
Egbertstr.
Am Deimelberg
Petrisberg
Kaiser-thermen
Hermesstraße
Hetzerstr.
Bergstraße
Charlottenstr.
Wilmowskystr.
Pol. Präs.
Olewiger Str.
Schule
Amphi-theater
Sickingenstr.
Weinlehrpfad
Kloster
Sickingenstraße
Spitzmühle
Gymn.
Kaiserthermen
Straße

STERNCHEN(*)
als Mittel zur Hervorhebung bedeutender Bau- und Kunstwerke,
Naturschönheiten, Aussichten
oder auch besonders guter Hotels und Restaurants
hat Karl Baedeker im Jahre 1844 eingeführt;
sie werden auch hier verwendet.
Besonders Beachtenswertes ist durch ein Sternchen (*),
einzigartige Sehenswürdigkeiten sind durch zwei Sterne (**) gekennzeichnet.

Titelbild:
Porta Nigra
(Bavaria, Gauting)

Druck: Druckhaus Langenscheidt KG, Berlin-Schöneberg
Printed in Germany
ISBN 3-87954-030-6

VORWORT

'Die reizenden Thäler der Mosel sind in neuerer Zeit häufiger besucht worden ... Sie verdienen diese Beachtung mehr als irgendein Seitenthal des Rheines. Keines, das der Ahr vielleicht ausgenommen, bietet eine so üppige Fruchtbarkeit, einen so fleißigen Weinbau, keines eine solche Menge der merkwürdigsten geschichtlichen Erinnerungen, als das Moselthal, keine Stadt vermag so viele Spuren römischer Herrschaft aufzuweisen, als Trier und seine Umgebung.'

So urteilte Karl Baedeker (1801–59) schon im Vorwort des 1835 erschienenen Reisehandbuchs 'Moselreise von Trier bis Koblenz'. Seither haben Baedekers Reiseführer die Entwicklung dieser Stadt mit immer erneuerten Beschreibungen begleitet. 1986 legte der Verlag erstmals einen eigenen Band für die älteste Stadt Deutschlands vor. Den Text verfaßte *Dr. Winfried Weber,* der auch die vorliegende dritte Auflage bearbeitete. Unterstützt wurden Bearbeiter und Herausgeber in dankenswerter Weise vom Amt für Presse- und Öffentlichkeitsarbeit der Stadt Trier und der Tourist-Information. Die Pläne, Grundrisse und Skizzen stammen von der Kartographischen Anstalt *Georg Schiffner* und vom Ingenieurbüro *Christoph Gallus* in Lahr. Ein Glossar am Ende des Stadtführers (S. 122) erklärt kunsthistorische Fachausdrücke.

Der vorliegende Stadtführer wird jedem, der Triers Sehenswürdigkeiten und Besonderheiten kennenlernen will, unentbehrliche und willkommene Hilfe leisten. Aus Erfahrung wissen wir jedoch, daß Irrtümer und Fehler nie ganz zu vermeiden sind. Wir bitten deshalb, die Redaktion (Neusser Straße 3, 80791 München) durch Berichtigungen und Verbesserungsvorschläge für künftige Auflagen zu unterstützen.

Karl Baedeker Verlag

INHALT

PRAKTISCHE ANGABEN VON A–Z

Anreise
Aus Richtung Köln: entweder A 61 bis Autobahnkreuz Koblenz, dann A 48/A 602, oder von Köln B 51 bis Trier; aus Richtung Mainz: entweder A 60 und A 61 bis Autobahnkreuz Koblenz, dann A 48/A 602, oder von Abfahrt Rheinböllen (A 61) auf den Bundesstraßen B 50 und B 327 (Hunsrückhöhenstraße) nach Trier. Aus Richtung Kaiserlautern: A 6, A 62 und A 1. Aus Richtung Saarbrücken: A 1 oder Bundesstraße B 268. Von Luxemburg: vom ehemaligen Grenzübergang Wasserbillig die B 53 nach Trier. Von Stadt Luxemburg über die A 48 bis Abfahrt Trier. Aus Richtung Aachen: Bundesstraßen B 258 und B 51.

→ Bahnhof und Bahnreise → Flughafen und Flugreise.

Auskunft
Tourist-Information Trier Stadt und Land e. V., An der Porta Nigra, 54290 Trier, Tel. 06 51/9 78 08-0, Fax 4 47 59; April bis Ende Okt. Mo–Sa 9–18.30, So 9–15.30 Uhr, Nov. und Dez. Mo–Sa 9–18, So 9–13 Uhr, Jan. bis März Mo–Sa 9–17, So 9–13 Uhr. Auskünfte über Trier Stadt und Land, Vermittlung von Unterkunft, Besichtigungen, Fremdenführern, Ausflugsfahrten nach Luxemburg, in das Trierer Land, in die Eifel, in den Hunsrück, zu den romantischen Weinorten an Mosel, Saar und Ruwer mit Weinproben. Das Amt für Presse- und Öffentlichkeitsarbeit der Stadt Trier gibt monatlich einen Veranstaltungskalender 'Der fröhliche Steuermann' heraus, der in der Tourist-Information kostenlos erhältlich ist.

Autovermietung
Avis, Herzogenbuscher Str. 31, Tel. 1 27 22; *Buchbinder,* Tessenowstr. 20, Tel. 3 30 46; *Chorus,* Kaiserstr. 3, Tel. 7 52 34; *Europcar interRent,* Wasserweg 16, Tel. 2 50 28; *Hertz,* Loebstr. 4, Tel. 2 31 37; *Raule,* Auf der Weismark 1, Tel. 30 00 53; *Sixt,* Eurener Str. 5, Tel. 82 08 21.

Bäder
Freibäder: Trier-Nord, Zurmaiener Str. 122, Tel. 2 51 45; Trier-Süd, An der Härenwies, Tel. 3 15 09, teilweise mit geheizten Becken und großer Außenanlage. Weitere Freibäder in Konz, Kordel, Mertesdorf und Schweich. – *Hallenbad:* Südallee 7, Tel. 71 72 50.

Bahnhof und Bahnreise

Von Trier aus fahren stündlich Züge nach Koblenz, dort IC-Anschluß; durch die Eifel führt eine Direktverbindung nach Köln. Von Trier aus gehen auch Bahnlinien nach Saarbrücken und Luxemburg. Auskunft im Hauptbahnhof, Tel. 1 94 19, Reisezentrum, Tel. 2 00 24 33.

Banken und Wechselstuben

Im Bereich der Porta Nigra und in der Fußgängerzone befinden sich mehrere Banken und Sparkassen, die von montags bis freitags während der üblichen Geschäftszeiten geöffnet sind. Samstags haben die Stadt-Sparkasse Trier, Simeonstraße, und die Sparkassenfiliale in der Brotstraße geöffnet. Eine Wechselstube befindet sich im Hauptbahnhofsgebäude.

Bars und Nachtlokale

Taylor Club, Saarstr. 69; *Goldener Spiegel,* Trier-Feyen, Pellinger Str. 88; *Hafenmelodie,* Karl-Marx-Str. 57.

Bibliotheken

Bibliothek des Bischöflichen Priesterseminars, Jesuitenstr. 13, Tel. 71 91-43, Mo–Fr 8–12, 14–17, Sa 8–12 Uhr; *Bibliothek des Karl-Marx-Hauses,* Johannisstr. 28, Tel. 4 30 11, Mo–Fr 10–13, 14–17 Uhr; *Stadtbibliothek,* Weberbach Str. 25, Tel. 7 18 24 32, Mo–Fr 10–17, Sa 9–12 Uhr; *Städtische Bücherei,* Domfreihof, Tel. 7 18 24 22; *Bibliothek des Rheinischen Landesmuseums,* Weimarer Allee, Tel. 4 83 68; *Universitätsbibliothek,* Trier-Tarforst, Tel. 2 01 22 05.

Bücher und Karten über Trier

BILDBÄNDE: HB-Bildatlas 'Trier'; HB-Kunstführer 'Trier'; Merianheft 'Trier'; *Scherer/Richner,* Trier, Deutschlands älteste Stadt; *Weichert,* Trier und seine Region in Luftbildern; *Zahn/Jeiter,* Trier.

KULTURGESCHICHTE: Führer zu vor- und frühgeschichtlichen Denkmälern 'Trier', Bd. 32, 1–2; *Anton,* Trier im frühen Mittelalter; *Heinen,* Trier und das Trevererland in römischer Zeit; *Düwell/Irsigler,* Trier in der Neuzeit; Katalog 'Trier, Augustusstadt der Treverer'; Katalog 'Trier', Kaiserresidenz und Bischofssitz; Katalog 'Die Römer an Mosel und Saar'; *Kentenich,* Alt-Trier; *Kentenich,* Geschichte der Stadt Trier; *Krisam,* Von Augustus bis Zimmermann; *Negendank,* Trier und seine Umgebung; *Zenz,* Geschichte der Stadt Trier Bd. 1–4; *Zenz,* Stimmen über Trier; *Zenz,* Trier in Rauch und Trümmern u. a. Trevirensien.

STADT- UND KUNSTFÜHRER: *Cüppers,* Amphitheater; *Cüppers,* Porta Nigra; Die kirchlichen Denkmäler der Stadt Trier (Kunstdenkmäler der Rheinprovinz); *Queck,* Die Steipe in Trier; *Reusch,* Kaiserthermen; *Zahn,* Die Basilika in Trier; *Reusch/Zahn,* Augusta Treverorum – ein Gang durch das römische Trier; *Ries,* Komm mit durch Trier; *Ronig,* Der Dom zu Trier; *Ronig,* Die Liebfrauen-Basilika zu Trier; *Steffny,* St. Paulin in Trier; Trier – ein Führer zu den Denkmälern; *Weber,* Barbarathermen; *Weber,* Die

Heiligkreuzkapelle in Trier; *Wichmann*, Trier – ein Stadtführer, *Zuhn*, Trier, Kurfürstlicher Palast; Behindertenführer Trier.

VOLKSTUM: *Heinen/Kunz*, Augusta Treverorum – älteste Weinstadt Trier; *Merten*, De Mäddi; Mosella – Mosellied des Ausonius; *Prem*, Gärscht on Himmelspänzjer; *Prem u. a.*, Trierer Mundart-Liederbuch; Trier Anno Tubak; Trierisches Kochbuch; *Zenz*, Straßennamen der Stadt Trier.

PLÄNE: Falk-Plan Trier; andere gute Stadtpläne gibt es bei der Tourist-Information oder in Buchläden.

Cafés

Astoria, Bruchhausenstr. 4; *Bley*, Dreikönigenhaus, Simeonstr. 19, und in der Steipe, Hauptmarkt 4; *Café 1900*, Brotstr. 27; *Jänschke*, Jakobstr. 2/3; *Mohr*, Fleischstr. 55; *Raab*, Karl-Marx-Str. 14; *Razen am Dom*, Sichelstr. 26; *Scheid*, Weberbach Str. 12 (Basilika). Eiscafé: *Calchera*, Simeonstr. 54; *Campanella*, Glockenstr. 13; *Cortina*, Moselstr. 6.

Campingplätze

Schloß Monaise im Schloßpark am Moselstausee, Monaiser Str., Tel. 8 62 10; 196 Stellplätze. – *Campingplatz Trier-City*, Luxemburger Str. 81, Tel. 8 69 21, mit separatem Jugendzeltplatz; 150 Stellplätze.

Discotheken

Beachcomber, Judengasse; *Boccaccio*, Stockplatz; *Flair*, Luxemburger Str.; *Magic*, Stockplatz; *Royal Discothek*, Glockenstraße; *Starlight*, Simeonstraße.

Essen und Trinken in Trier

Quetscheschmör (Zwetschgenmus), *Neie Viez* (frischer Apfelwein), *Tördich* (Gericht aus Sauerkraut und Kartoffeln), *Himmel on Erd* (Kartoffelbrei und Apfelmus) *Gromberenzupp mit Griewen* (Kartoffelsuppe mit Speck) oder *Muselfösch* (Moselfische) sind typische Trierer Gerichte.

Speisen wie die Römer kann man im 'Römerkeller' des Restaurants Zum Domstein, Domfreihof; hier werden Gerichte nach einem überlieferten Kochbuch des Apicius zubereitet.

Die Trierer *Bierlokale* schenken aus alteingesessenen Brauereien verschiedene Biere der Region aus.

Die meisten *Weine* aus dem Mosel-Saar-Ruwer Weinbaugebiet sind Rieslingweine, die aufgrund des milden Klimas ausgezeichnet gedeihen und einen fruchtig-spritzigen Charakter besitzen. Die Rebstöcke der ältesten Weinstadt Deutschlands wachsen fast alle auf

Schieferböden; nur der 'Trierer Augenscheiner' steht auf Buntsandstein.

Weinproben werden in den zahlreichen Trierer Weinlokalen und bei den Winzern der Trierer Stadtteile und Vororte (Olewig, Eitelsbach, Kasel usw.) durchgeführt. Das Weindorf Olewig bietet in allen Lokalen die Möglichkeit, Weinproben für Gruppen und auch Einzelreisende zu organisieren. Gleichzeitig kann man dort eine örtliche Spezialität, den 'Trierer Schwenkbraten' essen. Die Tourist-Information Trier gibt ein Faltblatt heraus, das einen Wochenplan der Winzerbetriebe mit Weinproben enthält.

Die Verwaltung der Staatl. Weinbaudomäne, Deworastr. 1, Tel. 4 80 68, die Vereinigten Hospitien, Güterverwaltung, Krahnenufer 19, Tel. 4 68-2 10/2 11, die Stiftung Staatl. Friedrich-Wilhelm-Gymnasium, Güterverwaltung, Weberbach 75, Tel. 7 38 49, Weingut Reichsgraf von Kesselstatt, Güterverwaltung, Liebfrauenstr. 9, Tel. 7 51 01, sowie die Bischöfl. Weingüter, Gervasiusstr. 1, Tel. 4 34 41 führen ebenfalls Kellerbesichtigungen mit Weinproben durch.

Die Vermittlung einer Führung über den 'Trierer Weinlehrpfad' rund um den Petrisberg (3 km lang, 35 Stationen) mit anschließender Weinprobe übernimmt die Tourist-Information.

Weininformationszentrum, Konstantinplatz 11, Tel. 7 36 90.

→ Restaurants.

Fahrradverleih

Der Servicedienst der Deutschen Bundesbahn hält am Hauptbahnhof Trier, Tel. 20 02-5 18, Tourenräder bereit, ebenso der Phoenix Radshop, Paulinstr. 156, Tel. 1 36 86.

Flughafen und Flugreise

Der nächste Flughafen mit Linienverkehr befindet sich in Luxemburg, etwa 30 Autominuten von Trier entfernt. Rund 15 km nordöstlich (A 1 bzw. A 48) liegt der Flugplatz Trier-Föhren, der von Sport- und Reiseflugzeugen (bis zu 15 t Abfluggewicht) angeflogen werden kann. Von hier aus Rundflüge möglich, Information, Tel. 0 65 02/29 99.

Fundbüro

Hindenburgstr. 2, Tel. 7 18-23 24.

Galerien

Eine Auswahl: *Galerie '86.* Europäische Akademie für bildende Kunst, Palaststr., Tel. 7 41 99; *Galerie Berens,* Palaststr. 3, Tel. 7 67 44; *Galerie Kaschenbach,* Fleischstr. 50, Tel. 7 34 87; *Galerie in der Kath. Akademie,* Auf der Jüngt 1, Tel. 8 60 55; *Galerie Palais Walderdorff,* Domfreihof.

Hotels und Pensionen

Es stehen dem Besucher rund 3600 Gästebetten in Hotels, Gasthäusern und Pensionen zur Verfügung. In der Tourist-Information ist ein ausführliches Gastgeberverzeichnis erhältlich; außerhalb der Öffnungszeiten Zimmernachweis an einem automatischen Informationsstand vor der Tourist-Information. Es wird eine Auswahl von Hotels aufgeführt. Die hochgestellte Ziffer hinter dem Hotelnamen bezeichnet die Preiskategorie, die Angabe in Klammern die Lage des Hauses im Stadtplan. Hotel[1] um 200 DM; Hotel[2] 50–100 DM; Hotel[3] unter 50 DM für ein Einbettzimmer incl. Frühstück, Bedienung und MwSt.

Altstadthotel[1] (D2), 113 B., Am Porta-Nigra-Platz, Tel. 4 80 41; *Dorint Hotel Porta Nigra*[1] (D2), 200 B., Porta-Nigra-Platz 1, Tel. 2 70 10; *Hotel Nells Park*[1], 114 B., Dasbachstr. 12, Tel. 1 44 40; *Hotel Scandic Crown*[1], 367 B., Zurmaiener Str. 164, Tel. 1 43-0; *Ramada Hotel Trier*[1] (C4), 272 B., Kaiserstr. 29, Tel. 9 49 50.
Aulmann[2] (garni) (C4), 100 B., Fleischstr. 47/48, Tel. 7 35 30; *Berghotel Kockelsberg*[2], 63 B., Kockelsberg, Tel. 8 90 38; *Blesius Garten*[2], 120 B., Olewiger Str. 135, Tel. 3 60 60; *Casa Calchera*[2] (garni) (D2), Engelstr. 8, Tel. 2 10 44; *Zum Christophel*[2] (D2), 30 B., Simeonstr. 1, Tel. 7 40 41/4 42 44; *Constantin*[2] (B4/5), 48 B., St.-Barbara-Ufer 1–2, Tel. 7 43 46; *Deutscher Hof*[2] (C5), 205 B., Südallee 25, Tel. 4 60 20; *Deutschherrenhof*[2] (C2), 36 B., Deutschherrenstr. 32, Tel. 4 83 08; *Estricher Hof*[2], 36 B., Straße Trier-Konz, Tel. 3 30 44/3 30 45; *Eurener Hof*[2], 110 B., Eurener Str. 171, Tel. 8 80 77; *Feilen-Wolff*[2] (B1), 50 B., Kölner Str. 22, Tel. 8 70 01; *Hotel Weinhaus Haag*[2] (D3), 25 B., Stockplatz 1, Tel. 7 23 66; *Villa Hügel*[2], 70 B., Bernhardstr. 14, Tel. 3 30 66; *Kessler*[2] (garni) (C4), 50 B., Brückenstr. 23, Tel. 7 67 71/72; *Kurfürst Balduin*[2] (E3), 32 B., Theodor-Heuss-Allee 22, Tel. 2 56 10; *Monopol*[2] (E3), 67 B., Bahnhofsplatz 7, Tel. 71 40 90; *Petrisberg*[2], 70 B., Sickingenstr. 11, Tel. 4 11 81; *Am Ufer*[2] (C1), 41 B., Zurmaiener Str. 81–83, Tel. 2 67 04.
Breit[3] (D2), 34 B., Paulinstr. 13, Tel. 2 57 74; *Faßbender's Central Hotel*[3] (E3), 60 B., Sichelstr. 32, Tel. 97 87 80; *Filscher Häuschen*[3], 20 B., Am Filscher Häuschen 1, Tel. 1 06 00; *Haus am Berg*[3], 28 B., Drosselweg 25, Tel. 6 98 43; *Klosterklause*[3] (E1), 23 B., Balthasar-Neumann-Str. 1, Tel. 2 56 13; *Kugel*[3], 32 B., Kirchenstr. 17. Tel. 8 62 37; *Maximin*[3], 25 B., Ruwerer Str. 12, Tel. 5 25 77; *Minnebeck*[3] (A5), 33 B., Eurener Str. 68, Tel. 8 88 05; *Zur Post*[3], 43 B., Ruwerer Str. 18, Tel. 51 00; *Schneider*[3] (A5), 38 B., Eurener Str. 190, Tel. 8 87 74; *Zender*[3], 45 B., Ehranger Str. 207, Tel. 6 61 11.

Jahreskalender (Auswahl)

Rosenmontag	*Fastnachtszug* durch die Stadt; die Karnevalsgesellschaften werfen 'Gutzjer' (Bonbons) und man backt an diesem Tage 'Meisjer und Naunzen' (Fettgebackenes). Die Trierer 'Faosnaocht' ist nicht mit den Hochburgen des rheinischen Karnevals zu vergleichen, da das Blut der Trierer etwas 'dickflüssiger' ist. Man ruft auch nicht 'Alaaf' oder 'Helau', sondern 'Halaudi'.
Fastnachtsdienstag	Schärensprung im Vorort Biewer.
Ende Juni	*Altstadtfest* mit Verkaufsständen, Würstchenbuden, Schaustellern und viel Musik. *Peter-* und *Paul-Messe* (Jahrmarkt).
Anfang Juli	*Moselfest* und *Zurlaubener Heimatfest* mit Feuerwerk und bengalischer Beleuchtung der Römerstraße unterhalb der Mariensäule.
Juli/August	*Sommerzyklus Trierer Orgelkonzerte* in der Basilika. Großes Volksfest am Messepark In den Moselauen.
August	*Trierer Weinfest im Stadtteil Olewig* mit der Krönung der Trierer Weinkönigin.
August/ September	*Trierer Blumentage* im Nells Ländchen mit Feuerwerk, Blumenkorso und großer Sonderschau in den Gebäuden der Orangerie.
Ende September	*Trierer Weinmarkt,* das Weinanbaugebiet Mosel-Saar-Ruwer stellt sich vor.
Oktober/November	*Allerheiligenmesse* (Jahrmarkt).
Dezember	*Weihnachtsmarkt* auf dem Hauptmarkt mit Verkaufständen und 'Gromobereschnietcher mit Äbbelkompott' (Kartoffelpuffer mit Apfelmus).

Jugendgästehaus und Jugendherberge

Jugendherberge Trier, Maarstr. 156, Tel. 29292, 312 B. – *Jugendgästehaus im Kolpinghaus,* Warsberger Hof, Dietrichstr. 42, Tel. 75131, 120 B. – *Marineschiff URANUS,* Anmeldung Tel. 06502/5880, 33 B. (geöffnet April–Okt.).

Kinos

Atrium, Maximinstr. 31; *Flimmerkiste,* Margarethengäßchen 2a; *Guckloch,* Luxemburger Str. 6; *Royal,* Paulinstr. 83. – Kinoprogramme Tel. 1151.

Konzerte

Europahalle, Viehmarktplatz, Tagungen, Kongresse und Konzerte, Tel. 4 00 11, Kasse und Vorverkauf Tel. 4 44 44.
Stadttheater, Am Augustinerhof, Theaterkasse Tel. 7 57 77.
Kartenvorverkauf zu Konzertveranstaltungen bei den Musikhäusern: Kessler, Fleischstr. 82, Tel. 7 31 02, und Reisser, Fleischstr. 30, Tel. 4 50 75. Telefonischer Informationsdienst zu Theater- und Konzertveranstaltungen, Tel. 11 51; Trierer Kulturtelefon 11 56.
Kultur- und Kommunikationszentrum Tuchfabrik, Weberbach, Tel. 4 07 17 und 7 18 44 79.

Notdienst

Notruf: Überfall und Verkehrsunfall Tel. 1 10; Feuerwehr Tel. 1 12; Rettungsleitstelle Tel. 4 40 44; Nachtdienst der Ärzte und Apotheken Tel. 11 50. Ärztl. Notfalldienst Tel. 4 55 55.
Krankenhäuser: Barmherzige Brüder (D 1/2), Nordallee 1, Tel. 2 08-0; Ev. Elisabeth-Krankenhaus (D 1/2), Theobaldstr. 12, Tel. 20 92-0; Herz-Jesu-Krankenhaus (B 5), Friedrich-Wilhelm-Str. 29, Tel. 9 46-0; Marienkrankenhaus (Ehrang), August-Antz-Str. 22, Tel. 68 30; Mutterhaus (B 3), Feldstr. 16, Tel. 7 11-0.

Öffentliche Verkehrsmittel

Omnibusse: Zwischen der Kernzone und den Außenbezirken der Stadt fahren die Busse täglich bis ca. 23.30 Uhr. Tagesfahrkarten, Monatskarten, Wochenend-Familienkarten und Streckenfahrplan bei den offiziellen Verkaufsstellen der Städt. Verkehrsbetriebe. Touristen-Tagesnetzkarten bei der Tourist-Information.
Kabinenbahn: Ab 1. Mai vom Moselufer 'Zurlauben' zum Café-Restaurant Weißhaus.
→ Schiffahrt.

Öffnungszeiten

Amphitheater (S. 91): 1. Jan.–31. März tägl. 9–17 Uhr; 1. April–30. Sept. tägl. 9–18 Uhr; 1. Okt.–30. Nov. tägl. 9–17 Uhr. Im Dez. geschlossen. Letzter Einlaß jeweils eine halbe Stunde vor Schließung.
Für die römischen Gebäude gibt es eine Sammeleintrittskarte, erhältlich bei der Tourist-Information.

Basilika (S. 80): Ostersamstag bis 31. Okt. werktags 9–13 und 14–18, So 11–13 und 14–18 Uhr; 1. Nov. bis Karfreitag Di–Sa 11–12 und 15–16, So 11–12 Uhr.

Barbarathermen (S. 103): 1. Jan.–31. März tägl. 9–13 und 14–17 Uhr; 1. April–30. Sept. tägl. 9–13 und 14–18 Uhr; 1. Okt.–30. Nov. tägl. 9–13 und 14–17 Uhr. Am ersten Werktag jeder Woche und im Dez. ist die Anlage geschlossen.

Bischöfliches Dom- und Diözesanmuseum (S. 78): Mo–Sa 9–13 und 14–17, So 13–17 Uhr; Eintr.

Dom (S. 63): 1. Nov.–31. März tägl. 6–12 und 14–17.30 Uhr; 1. April–31. Okt. 6–18 Uhr. Führungen nach Anmeldung im Dombüro, Tel. 7 58 01.

Domschatzkammer (S. 75): 1. Nov.–31. März Mo–Sa 10–12 und 14–16, So 14–16 Uhr; 1. April–31. Okt. Mo–Sa 10–12 und 14–17, So 14–17 Uhr; Eintr.

St. Gangolf (S. 43): tägl. 8–18 Uhr.

Kaiserthermen (S. 88): wie Amphitheater, jedoch im Dez. geöffnet.

Karl-Marx-Haus (S. 50): Nov.–März Di–So 10–13 und 15–18, Mo 15–18 Uhr; Apr.–Okt. Di–So 10–18, Mo 13–18 Uhr; Eintr.

Kunsthandwerkerhof Simeonstiftplatz: Mo–Fr 9–18.30, Sa 9–14 Uhr.

Liebfrauenkirche (S. 75): tägl. 8–18 Uhr.

St. Matthias (S. 97): tägl. 8–18 Uhr.

Friedhof St. Matthias, frühchristliche Grabanlagen (S. 98): Die Besichtigung der Grüfte unter dem Friedhof St. Matthias ist nach Anmeldung beim Pfarramt, Tel. 3 26 34, möglich.

St. Paulin (S. 109): tägl. 8–12 und 14–18 Uhr, Fr vorm. geschlossen.

Porta Nigra (S. 34): wie Amphitheater, jedoch im Dez. geöffnet.

Rheinisches Landesmuseum (S. 86): Mo 10–16, Di–Fr 9.30–16, Sa 9.30–13, So 9–13 Uhr; 1. Jan., 1. Mai, 24., 25. und 26. Dez. geschlossen.

Spielzeugmuseum: Di–So 11–17 Uhr; Eintr.

Stadtbibliothek (S. 86): Mo–Fr 10–13 und 14–17, Sa 9–12 Uhr. Schatzkammeröffnung siehe Eingang d. Bibliothek.

Städtisches Museum Simeonstift (S. 38): Di–Fr 9–17, Sa und So 9–15 (April–Okt.) und 9–13 Uhr (Nov.–März); Eintr.

Pannenhilfe

Abschleppdienst *Lieser,* Luxemburger Str. 91, Tel. 8 70 70; Autohilfe *Buschmann,* Bonner Str. 3–8, Tel. 8 80 68; *Steil,* Loebstr. 10, Tel. 2 30 01; *ADAC-Pannenhilfe,* Tel. 1 92 11.

Parken

Parkhäuser: Margarethengäßchen (D2), Pferdemarkt, Walramsneustr. (C3), City-Parkhaus, Metzelstr. (C3), Porta Nigra, Engelstr. (D2), Konstantinstr. (D4), Mustor/Kurfürstliches Palais (D4), Palastgarten (D4).

Post

Postämter am Hauptbahnhof (E3) und am Kornmarkt (C3). Telefonvorwahl: 06 51.

Restaurants (Auswahl)
Brasserie, Fleischstr. 12, Tel. 7 52 31; *Brunnenhof,* Im Simeonstift, Tel. 4 85 84; *Zum Domstein,* Am Hauptmarkt 5, Tel. 7 44 90 (mit Freiterrasse, *Römischer Weinkeller,* Küferstube); *Kiste,* Fahrstr. 13, Tel. 7 39 14; *Kupfer-Pfanne,* Ehranger Str. 200, Tel. 6 65 89; *Zum Lämmchen,* Trier-Pallien, Palliener Str. 24, Tel. 8 59 99; *Pfeffermühle,* Zurlaubener Ufer 76, Tel. 2 61 33 (Reservierung notwendig); *Ratskeller zur Steipe,* Hauptmarkt 14, Tel. 7 50 52; *Porta,* Im Dorint Hotel, Tel. 2 70 10 (mit Freiterrasse).
Chinesisch: Hongkong-Haus, Georg-Schmitt-Platz 2, Tel. 7 22 58; Lotus, Tessenowstr. 33, Tel. 3 29 18; Drachenhof, Glockenstr. 7, Tel. 7 46 60.
Griechisch: Delphi, Roonstr. 8, Tel. 2 48 00; Hermes, Weberbach 54, Tel. 4 44 50.
Italienisch: Alt Ehrik, Niederstr. 87, Trier-Ehrang, Tel. 6 95 36; Da Toni, Kyllstr. 36, Trier-Ehrang, Tel. 6 17 33; Fornelli, Jakobstr. 34, Tel. 4 33 85; Franco, Palaststr. 7, Tel. 4 13 24; Portofino, Stockplatz 1, Tel. 4 04 44; San Remo, Rindertanzstr. 8, Tel. 7 24 33.
Ausführliches Verzeichnis bei der Tourist-Information.

Schiffahrt
Nahverkehr nach Pfalzel ab Anlegestelle Trier-Zurlauben (C 1) an Ostern und ab 1. Mai täglich mit dem Fahrgastschiff 'Zurlauben' und anderen Gesellschaften. Abfahrtszeiten bei der Tourist-Information zu erfragen.
Im Sommer täglicher Liniendienst Trier–Bernkastel–Trier. Das luxemburgische Fahrgastschiff 'Princesse Marie-Astrid' verkehrt auf der Obermosel zwischen Schengen und Trier und samstags auf der Strecke Trier–Bernkastel–Trier.

Spielbank
Porta-Nigra-Platz 1, Tel. 2 60 75, tägl. 16–2 Uhr. Roulette und Black Jackspiel. Eurocenter/Europahalle, Tel. 4 24 99 tägl. 14–1 Uhr.

Sport
Die ansässigen Sportvereine bieten die Möglichkeit für alle Sportarten, besonders für Wassersport. Auskunft bei der Tourist-Information und beim Sportamt der Stadt Trier, Tel. 7 18 45 21.
Angeln: Mosel von der Sauermündung bis Staustufe Detzem.
Bowling: Bowling-Center, Fahrstr., Tel. 4 21 11.
Eislaufen: Eissporthalle Trier, Diedenhofener Str., Tel. 8 08 00.
Fahrradfahren: → Fahrradverleih.
Fußball: Moselstadion, Zeughausstr./Zurmaiener Str.

Golf: 9 Löcher, Golf Club Trier Mosel e.V., Ensch-Birkenheck, Tel. 0 65 07/43 74.
Reiten: Reitanlage Hofgut Monaise, Tel. 8 08 55 und 8 43 45; Reitanlage Trimmelterhof, Tel. 1 83 26.
Schwimmen: → Bäder.
Segelfliegen: Gastflüge beim Aero-Club Trier und Konz e.V. Auskunft bei der Tourist-Information.
Steinlehrpfad: 'Straße der Steine – Wege der Monolythe' im nordwestlichen Bereich des Universitätsgeländes Tarforster Höhe.
Tennis und Squash: Hettlage-Freizeitcenter, Diedenhofener Str., Tel. 8 06 00. Tennisanlage Tarforst, Kohlenstr., Tel. 1 52 53.
Trimm-Dich-Pfad: U.a. im Weißhauswald.
Wandern: Rund um Trier und links und rechts der Mosel gibt es viele markierte Wanderwege. Wanderkarten erhältlich bei der Tourist-Information und im Buchhandel. – Waldlehrpfade in Trier (Parkplatz Drachenhaus), Irrel und Zerf-Mühlenberg.
Wasserski: Moselsee oberhalb der Staustufe Trier.

Stadtführungen und -rundfahrten

Ab Ostern empfiehlt sich der tägliche Stadtrundgang '2000 Schritte = 2000 Jahre' oder die Rundfahrt per Bus (2 Std.). Die Tourist-Information vermittelt darüber hinaus ganzjährig individuelle Stadtführungen mit einem Fremdenführer für Gruppen, Klassen und Einzelpersonen (auch fremdsprachige Führungen möglich). Anmeldung und Ausgangspunkt bei der Tourist-Information, Tel. 9 78 08-0.

Taxi

Standplätze: Hauptbahnhof, Simeonstift, am Dom und Südbahnhof.
Taxi-Funk Service, Tel. 3 30 30/3 20 11; Taxi-Funk-Zentrale TFZ e.G., Bahnhofsplatz 8, Tel. 1 20 12; Taxi Alf 4 11 66; Trierer Taxi-Vereinigung, Tel. 1 94 10.

Theater

Stadttheater, Am Augustinerhof, Kasse geöffnet Di–Fr 11–13 und ab 17 Uhr, Sa u. So 11–12.30 Uhr und eine Stunde vor Vorstellungsbeginn, Tel. 7 57 77.

Zeitung

Tageszeitung: Trierischer Volksfreund, Nikolaus-Koch-Platz, Tel. 7 19 90.
Veranstaltungskalender: Der fröhliche Steuermann.

GESCHICHTE UND GEGENWART

Das **Wappen** der Stadt zeigt, wie es schon in dem städtischen Protokoll des Jahres 1571 heißt, 'ein ganzen gulden St. Peter in rotem Feldt.' Er hält 'in der rechten Hand ein großen Schlüssel, in der linken ein zugelegt Buch uff der Prust' (vor der Brust).

Der Apostel Petrus ist zugleich der Patron des Domes und ziert auch das Wappen des Domkapitels. Überall in der Stadt findet man den Stadtpatron: auf dem Marktbrunnen, am Marktkreuz und am 'Pranger' in der Brotstraße und sogar auf den älteren Kanaldeckeln. Sein Namenstag wird in Trier am 29. Juni mit der Peter-und-Paul Messe gefeiert, und der Trierer nennt die vielen Mitbürger, die seinen Namen tragen, liebevoll Pidder oder Pittchen. Der Münzsammler kennt bestimmte Trierische Münzen des 17. und 18. Jhs., die auf einer Seite Petrus mit dem Schlüssel und Buch zeigen und seit 1625 laut Umschrift 'Petermentger' (Petermännchen) heißen.

Der Name der Stadt Trier ist vom keltischen Volksstamm der Treverer abzuleiten, die schon Caesar in seinen Berichten über den Gallischen Krieg nennt. Die römische Stadtbezeichnung 'Augusta Treverorum' wird in der Spätantike zu 'Treveris', aus dem sich im Mittelalter 'Tryer' bildet. Im 16. Jh. ist die Schreibweise 'Trier' schon geläufig.

Partnerstädte sind das holländische s'-Hertogenbosch, das istrische Pula, das englische Gloucester, die französische Stadt Metz, das italienische Ascoli Piceno, Fort Worth in den Vereinigten Staaten und Weimar.

Lage. Die Stadt Trier liegt auf 49° 45' nördlicher Breite und 6° 40' östlicher Länge sowie auf einer Höhe von 125–396 m über NN. Der Mittellauf der Mosel schneidet sich im Bereich der Trierer Talweite zwischen dem harten, rechts der Mosel anstehenden Devonschiefer (Unterdevon des Erdaltertums, ca. 380 Mio. Jahre) und dem weicheren, links des Flusses anstehenden Buntsandstein der Triasformation (Erdmittelalter, ca. 220 Mio. Jahre) ein und konnte aufgrund des weniger widerstandsfähigen Sandsteins an dieser Stelle ein weites Tal schaffen. Bei diesem Einschneiden entstanden mehrere Flußterrassen. Auf der unteren Mittelterrasse bei ca. 160–180 m über NN liegen die Stadtteile Zewen, Feyen, Heiligkreuz und Kürenz, während die Trierer Innenstadt und die Stadtteile Euren, Biewer, Ehrang und Pfalzel sowie Ruwer auf der Niederterrasse liegen (ca. 125–140 m über NN), die in der letzten Kaltzeit (Würm) entstand und im wesentlichen hochwasserfrei ist.

Klima. Das Trierer Klima ist ozeanisch beeinflußt. Die temperaturausgleichende Wirkung der Mosel und die Tallage zwischen den schützenden Hängen von Eifel und Hunsrück wirken mildernd auf das Klima ein. In diesem milden Klima mit Januarmittelwerten von + 0,6° C und Julimittelwerten von 17,8° C gedeihen Kesten (Eßkastanien), Wein und Walnüsse. Die mittleren Jahresniederschläge betragen ca. 719 mm/qm, wobei die Niederschläge in etwa über das Jahr gleich verteilt sind. Das Maximum an Niederschlägen liegt meist im August mit ca. 80 mm/qm. Die vorherrschende Windrichtung ist SW.

Politische Gliederung und Verwaltung. Die Stadt Trier gehört zum Bundesland Rheinland-Pfalz und ist Oberzentrum des Regierungsbezirkes Trier, der aus der kreisfreien Stadt Trier sowie den vier Landkreisen Trier-Saarburg, Bernkastel-Wittlich, Bitburg-Prüm und Daun mit einer Gesamtfläche von 4924 km^2 besteht. Die Stadt Trier, die durch die Eingemeindungen von 1969 zu einer Großstadt wurde (104 000 Einw.), hat nach einem jahrelangen Bevölkerungsrückgang der hauptsächlich aus der Stadtflucht der Trierer in die neu entstandenen Wohngebiete in den Ortschaften rings um Trier (Gusterath, Pluwig, Gutweiler, Korlingen, Igel u. a., die zum Landkreis Trier-Saarburg zählen) resultierte, 1993 wieder 105 000 Einw. erreicht. Die Stadtfläche Triers beträgt 117 km^2.

Die Stadt hat sechs Gymnasien, eine Anzahl von berufsbildenden Schulen, die *Fachhochschule Rheinland-Pfalz* und die 1970 gegründete *Universität* mit der angeschlossenen Theologischen Fakultät Trier. 1992 waren etwa 11 000 Studenten immatrikuliert.

Trier ist eine typische Verwaltungs- und Schulstadt. Außer der *Bezirksregierung* und der *Kreisverwaltung Trier-Saarburg* gibt es noch eine Vielzahl weiterer Behörden und Verwaltungen wie die *Industrie- und Handelskammer,* eine Außenstelle der *Oberpostdirektion Koblenz,* eine Generalvertretung der *Bundesbahndirektion Saarbrücken,* das *Bischöfliche Generalvikariat* und eine Außenstelle des *Bundesamtes für Finanzen.*

Bislang war Trier nach Paris die zweitgrößte Garnisonsstadt der französischen Armee. Die Truppenteile waren in den Stadtteilen Trier-Nord, Euren, Feyen und auf dem Petrisberg untergebracht, werden jedoch seit 1991 abgezogen. Außerdem ist Trier Standort der Bundeswehr mit der Wehrtechnischen Dienststelle für Kraftfahrzeuge und Panzer auf dem Grüneberg und weiteren militärischen Einrichtungen.

Verkehrslage. Die Stadt breitet sich hauptsächlich auf der rechten Moselseite aus; auf der linken Moselseite liegen die Stadtteile *Pallien, Biewer, Pfalzel, Ehrang* und *Quint,* nach SW *Trier-*

West, Euren und *Zewen.* Den rechts der Mosel liegenden Teil bilden die *Altstadt,* sowie die Stadtteile *Feyen, Weismark, Heiligkreuz, Mariahof, Olewig, Kernscheid, Irsch, Filsch, Kürenz, Tarforst* und *Ruwer.*

Die westlichen Stadtteile sind über die Mosel mit der Altstadt durch 5 Brücken verbunden: die Kaiser-Wilhelm-Brücke, die Römerbrücke, an der Stadtgrenze im Süden die Konrad-Adenauer-Brücke, im Norden die Pfalzeler Brücke (nur von der Eisenbahn und von Fußgängern zu benutzen) sowie die Ehranger Brücke, die aus Richtung Hermeskeil nach Ehrang führt.

Die Eisenbahn nutzt die von der Mosel und ihren Nebenflüssen geschaffenen Täler. So verläuft die Strecke Frankreich/Luxemburg-Koblenz/Köln/Mainz durchs Moseltal; bei Trier-Ehrang zweigt die Strecke über Gerolstein nach Köln ab und benutzt das Tal der Kyll; bei Trier-Ruwer zweigt die Ruwertalstrecke (für den allgemeinen Verkehr inzwischen eingestellt) in Richtung Türkismühle ab, in Konz, das Tal der Saar benutzend, die Saartalstrecke über Merzig nach Saarbrücken.

Die Mosel bildet seit der Kanalisierung 1964 einen rege befahrenen Schiffahrtsweg. Der Hafen im Stadtteil Ehrang hat mit überwiegend einkommenden Gütern, hauptsächlich aus Rotterdam und Antwerpen, einen Jahresumschlag von etwa 700 000 t.

In Föhren (Kreis Trier/Saarburg) hat die Stadt einen Flugplatz, der als Quartier für die französischen Heeresflieger, als Platz für Sportfliegerei und den Geschäftsflugverkehr dient.

Die wichtigsten Straßenverbindungen bilden die B 51 von Saarbrücken durch Trier über Bitburg nach Köln führend und die A 602/A 1 von Trier nach Koblenz. Die Anbindung an den süddeutschen Raum erfolgte 1983 durch die Freigabe des Teilstücks zwischen Schweich und Reinsfeld. Über die B 327, die sog. Hunsrückhöhenstraße, gelangt man nach Mainz. Eine Autobahnverbindung nach Luxemburg (A 48) besteht seit 1992.

Naherholung. Trier hat große Grünflächen, sowohl im Innern *(Palastgarten, Nell's Ländchen, Alleenbering, Schießgraben),* als auch in den Außenbezirken *(Mattheiserweiher, Herrenweiher, Stadtwald* auf den linksmoselanischen Buntsandsteinfelsen, den *Rosengarten am Drachenhaus* und das *Tierfreigehege am Waldstadion).*

Im Jahr 1984 ist das Trierer *Weißhaus* auf den Buntsandsteinfelsen über Pallien nach ausführlicher Renovierung als Ausflugslokal (Café, Restaurant) wiedereröffnet worden. Man kann per Kabinenbahn vom rechten Moselufer von Zurlauben (Plan C1) aus dorthin gelangen. Weitere Ausflugsziele sind der *Altenhof* zwischen Biewer und Aach, der *Brubacherhof,* Café-Restaurant *Kockelsberg, Ma-*

riensäule auf dem Markusberg und der Stadtteil Tarforst mit seinen Lokalen, wo man Viez (s. S. 9) und Schinkenbrote zur Stärkung zu sich nehmen kann. Wer etwas mehr Zeit hat, kann das *Erholungsgebiet Kell am See* besuchen.

Wirtschaftsleben. Traditioneller Wirtschaftszweig ist der Weinbau, damit verbunden sind die Sektherstellung und der Weinhandel. Etwa 70 % der 55 000 Erwerbstätigen sind in den Bereichen Handel und Dienstleistungen tätig. Die Funktionen Triers als Oberzentrum mit einem Einzugsbereich von ca. 500 000 Menschen legen dies auch nahe. Ein wichtiger Wirtschaftsfaktor ist der Fremdenverkehr. So wurden für 1991 ca. 485 000 Übernachtungen und ca. 3 Mio. Tagestouristen gezählt.

Aufgrund der relativ späten Verkehrsanbindung und der geographischen Gegebenheiten war die Region Trier lange Zeit im Vergleich zu anderen Gebieten der Bundesrepublik wirtschaftlich benachteiligt. Heute arbeiten rund ein Viertel aller Erwerbspersonen im verarbeitenden Gewerbe. In Trier haben sich u. a. Unternehmen der Reifenfabrikation (Michelin), der Tabakverarbeitung (Reynolds Tobacco), der Schuhfabrikation (Romika) und in den letzten Jahren auch Chemiebetriebe niedergelassen. Tradition hat auch das metallverarbeitetende Gewerbe.

Kulturelles Leben. Eine ganze Reihe klangschöner Räumlichkeiten haben an der langen musikalischen Tradition Anteil. Für den Musikliebhaber gibt es daher zahlreiche Darbietungen der Trierer Chöre und Orchestergruppen. Feste Bestandteile des Musiklebens sind der ‘Sommerzyklus Trierer Orgelkonzerte’ in der Basilika, die ‘Internationalen Orgeltage’ im Dom und die ‘Festlichen Musiktage’ (Sept.–Nov.).

Im Stadttheater werden Opern, Operetten, Schauspiele und Musicals gespielt. Hier finden auch die Konzerte des Städtischen Orchesters statt. Dem Stadttheater ist eine Studiobühne angeschlossen, die kleinere moderne Schauspiele zeigt.

Zur Weiterbildung laden zahlreiche Bibliotheken, die Volkshochschule und die Katholische Akademie ein. Der ‘Verein Trierisch’ pflegt die Mundart und das Volkstum, die ‘Gesellschaft für nützliche Forschungen’ veranstaltet Reisen und Vorträge. Im ‘Forschungszentrum Friedrich-Ebert-Stiftung’ wird das Erbe von Karl Marx gepflegt, im ‘Forschungszentrum Nikolaus Cusanus’ das des Nikolaus von Kues. Im Kunstzentrum der Europäischen Akademie für bildende Kunst im ehem. Schlachthof, Aachener Str., finden Kurse in Malen, Bildhauen und Fotografieren statt.

Die Stadt hat acht Museen und zahlreiche kleinere Galerien. In einer ehemaligen Tuchfabrik (Weberbach) ist ein Kultur- und Kommunikationszentrum eingerichtet.

Stadtgeschichte

Frühgeschichte und Gründung der römischen Stadt. Ein im 10. Jh. im mittelalterlichen Trier entstandenes Gedicht erzählt, daß Trebeta, der Stiefsohn der babylonischen Königin Semiramis, als Flüchtling in das Moseltal gekommen sei. Er habe sich hier niedergelassen und eine Stadt mit dem Namen Treberis gegründet. Auf diese sagenhafte Stadtgründung nimmt auch die Inschrift an der Fassade des 1683 am Trierer Hauptmarkt gebauten Roten Hauses Bezug: ANTE ROMAM TREVIRIS STETIT ANNIS MILLE TRECENTIS PERSTET ET AETERNA PACE FRUATUR. 'Vor Rom stand Trier eintausenddreihundert Jahre. Möge es weiter bestehen und ewigen Friedens sich freun.'

Während sich die geschichtlich gesicherten Anfänge Triers erst im zweiten Jahrzehnt v.Chr. greifen lassen, war die Trierer Talweite nach Ausweis der Bodenfunde schon in vorgeschichtlicher Zeit besiedelt, da hier eine gut begehbare Furt durch die Mosel existierte. Die einheimische Bevölkerung gehörte zum keltischen Stamm der Treverer, von denen *Caesar* in seinen Berichten über den Gallischen Krieg (58 – 50 v.Chr.) schreibt, sie besäßen die beste Reiterei unter den Galliern und glichen in ihrer Lebensweise und in ihrem Wesen den Germanen. Zwar nennt Caesar keinen Hauptort (oppidum) der Treverer, doch zeugen zahlreiche Höhensiedlungen und Fluchtburgen im Luxemburgischen und im Eifel-Hunsrück-Raum vom ehemaligen Siedlungsgebiet der Treverer.

Die militärische Sicherung des Moselüberganges und des Verkehrsmittelpunktes im Trierer Tal mit seinen wichtigen Nord-Südverbindungen zum Rhein wird sehr bald ein besonderes Anliegen der römischen Politik gewesen sein. Ab dem Jahre 20/19 v.Chr. baut M. Vipsanius Agrippa, der Feldherr des Augustus, in Gallien die Handelswege zu einem gut funktionierenden System von Fernstraßen aus. Eine der wichtigsten Verbindungen ging von Lyon, dem damaligen Hauptort der gallischen Provinzen, über Metz und Trier zum Rhein. Der Fund von Eichenbalken der ersten, in der Nähe der heutigen Römerbrücke über die Mosel errichteten Pfahlrostbrücke erlaubte eine Festlegung des Fällungsdatums der Hölzer auf die Jahre 18/17 v.Chr. Die offizielle Gründung der Siedlung 'Augusta Treverorum' (Augustusstadt der Treverer) wird wenig später erfolgt sein. Die Nennung des Kaisers Augustus, der sich zur Vorbereitung der Germanenkriege in den Jahren 16–13 v.Chr. selbst in Gallien aufhielt, läßt vermuten, daß die Gründung der Stadt auf seine Veranlassung erfolgte.

1.–3. Jahrhundert. Die vorzügliche Lage der Augusta Treverorum förderte einen raschen wirtschaftlichen und politischen Aufstieg. Aufgrund der günstigen Verkehrsverbindungen zu Wasser und zu Land liefen der Nachschub und die Versorgung der in den Lagern am Rhein stationierten Legionen hauptsächlich über Trier. Vom Geschäft profitierten nicht nur die römischen Kaufleute, sondern auch die Einheimischen, und die Stadt war wohl schon vor der Mitte des 1. Jh.s n.Chr. der neue Hauptort der Treverer. Um 44 n.Chr. nennt der römische Geograph Pomponius Mela Trier eine 'urbs opulentissima' und unterstreicht damit den blühenden Wohlstand der Stadt, die wahrscheinlich unter Kaiser Claudius (41–54 n.Chr.) zur 'Colonia' erhoben worden war.

Zunächst bedeckte die Stadt nur eine kleine Fläche, die jedoch durch rechtwinklig sich schneidende Straßen nach dem Muster italischer Städte in regelmäßige Häuserviertel gegliedert war. Die ursprünglichen Lehmfachwerkbauten wurden allmählich von festen Steinhäusern abgelöst. Die Brücke wurde erneuert und inmitten der Stadt am Kreuzungspunkt der beiden Hauptachsen Cardo und Decumanus (heute im Bereich zwischen Neustraße, Kaiserstraße, Hindenburgstraße und Viehmarkt) in vespasianischer Zeit ein Forum mit Basilika, Höfen, Portiken und Läden errichtet. Mit dem Legaten der Provinz Belgica, der anfangs in Reims seinen Amtssitz hatte, kamen auch andere Dienststellen nach Trier, für die entsprechende Amtsgebäude errichtet werden mußten. Da das Stadtgebiet nun nicht mehr ausreichte, schaffte man durch Aufschüttung im Ufervorgelände der Mosel zusätzliche Bebauungsflächen. Gegen 100 n.Chr. wurde am Fuße des Petrisberges ein Amphitheater errichtet, das ca. 20 000 Zuschauern Platz bot. Am südlichen Rand der ersten Stadtanlage befand sich im Altbachtal ein großer Tempelbezirk, weitere Tempel gab es an anderen Stellen der Stadt. Auch die erst 1987/88 auf dem Viehmarkt entdeckte Thermenanlage gehört in die Frühzeit Triers (s. S. 52).

Die durch die lange Friedenszeit der ersten beiden nachchristlichen Jahrhunderte schnell wachsende und wohlhabende Stadt konnte sich schließlich in der 2. Hälfte des 2. Jh.s eine zweite große Thermenanlage (Barbarathermen) in der Nähe der um 140 n.Chr. neu erbauten Römerbrücke leisten, die zu den größten damaligen Badeanlagen des Römischen Reiches gehörte. Gegen Ende des 2. Jh.s wurde die 6,4 km lange Stadtmauer mit 47 Türmen, zwei Torburgen (im Norden die Porta Nigra, im Süden die Porta Media) und dem Brückentor errichtet, wobei im Osten das Amphitheater in den Mauerkranz einbezogen war und ebenfalls als Tor diente.

Trier zur Römerzeit
1 Porta Nigra
2 Horrea von St. Irminen
3 Doppelbasilika, Dom und Liebfrauenkirche
4 Aula palatina
5 Circus
6 Amphitheater
7 Tempelbezirk im Altbachtal
8 Kaiserthermen
9 Forum
10 Palast des Victorinus
11 Barbarathermen
12 Römerbrücke
13 Tempel
14 Thermen auf dem Viehmarkt
N
0 100 200 300 m
Mosel

Durch den Bau der Stadtmauer, deren bedeutendster Überrest die Porta Nigra ist, wurde das Stadtgebiet nochmals auf die Gesamtfläche von ca. 285 ha erweitert. Neben den Wohnvierteln existierten im Süden der Stadt innerhalb des Mauerringes Gewerbebetriebe, von denen besonders die Töpfereien, die Glasmacher und die Textilindustrie zu nennen sind; ein wichtiges Handelsobjekt war auch damals schon der Wein, den die Römer ins Moseltal mitgebracht hatten.

Im Norden und Süden lagen vor der Stadtmauer zu beiden Seiten der Ausfallstraßen weit ausgedehnte Gräberfelder mit zahllosen Grabdenkmälern. Nahe bei der Stadt hatten auch die wohlhabenden Leute ihre suburbanen Villen gebaut. Die politisch unruhigen Zeiten des 3. Jh.s n.Chr. beendeten für Trier zunächst den rapiden Aufstieg. Die rechtsrheinischen Gebiete gingen verloren, so daß von nun an Gallien unmittelbar von den Germanen bedroht wurde. In dieser Situation bot sich für Trier eine neue Möglichkeit: Einerseits in sicherer Entfernung von der gefährdeten Grenze, andererseits aber nahe genug, um feindliche Überfälle schnell parieren zu können, war die Stadt die ideale Residenz, derer sich dann auch die gallischen Sonderkaiser von der Mitte des 3. Jahrhunderts an bedienten. Doch vor der Katastrophe des Franken- und Alamanneneinfalles des Jahres 275/76 konnte sich auch Trier nicht retten, sondern mußte empfindliche Zerstörungen und Brandschatzungen über sich ergehen lassen.

4. Jahrhundert. Durch die Neuordnung des Reiches unter Kaiser Diocletian (284–305) begann für Trier eine neue Blütezeit: Schon der von Diocletian zunächst als Unterkaiser (Caesar) und im Jahre 286 zum Mitkaiser erhobene M. Aurelius Maximianus hielt sich mehrfach in der Stadt auf. Die andauernde Gefährdung der Grenzen und immer wieder aufkommende Unruhen erforderten schließlich (293) die Ernennung neuer Caesares. Maximian, der Kaiser des Westens, wählte sich den Offizier Constantius Chlorus, dem er Gallien mit der Hauptstadt Trier zuwies. Die alte Augusta Treverorum, die nunmehr 'Treveris' hieß, war nicht nur eine der vier kaiserlichen Residenzen, sondern zugleich Sitz vieler neuer Verwaltungsstellen und offizielle Münzprägestätte, nachdem bereits unter den gallischen Sonderkaisern in Trier Münzen geschlagen worden waren. Neben der Sicherung der Grenzen und der Wiederbesiedlung der teilweise durch die feindlichen Überfälle der Vergangenheit verwüsteten Landstriche war auch die Aufgabe gestellt, aus Trier eine würdige, allen Bedürfnissen entsprechende Residenz zu machen.

Noch heute zeugen die auf zerstörten und niedergelegten Wohngebäuden errichteten Kaiserthermen, die sogen. Palastaula

('Basilika') und die großartigen Deckenmalereien aus einem Zimmer des kaiserlichen Palastes – im Bereich des Trierer Domes gelegen – von dem gewaltigen Bauprogramm, welches Constantius Chlorus begann und seit 306 sein Sohn Konstantin I. fortführte; andere Bauten wurden renoviert und verschönert.
Schon aus Repräsentationsgründen und zur Unterstreichung seines Herrschaftsanspruchs verfolgte Konstantin das begonnene Bauprogramm seines Vaters mit großer Energie weiter, so daß ein Lobredner im Jahre 310 in Trier vor dem Kaiser von der 'hochbeglückten Stadt' sprechen und überschwenglich zahlreiche großartige Gebäude aufzählen konnte. Selbst als Konstantin I. seinen Hof nach Konstantinopel verlegte, blieb Trier für seine Söhne Constantinus II. und Constantius II. weiterhin Residenz.
Eine bedeutende Rolle kam auch der Christengemeinde Triers zu, die unter Constantius Chlorus weitgehende Duldung und unter Konstantin I. großzügige Förderung erfuhr. Schon etwa in der Mitte des 3. Jh.s beginnt die Trierer Bischofsliste mit den Heiligen Eucharius, Valerius und Maternus. Agricius, der vierte Bischof der Stadt, war einer der Teilnehmer der 314 in Arles stattfindenden Synode. Kaiserlicher Gunst verdankte die Christengemeinde auch den Bau der großen Kirchenanlage im Bereich von Dom und Liebfrauen. Zahlreiche bedeutende Kirchenväter weilten damals in Trier: Athanasius, Hieronymus, und Martin v. Tours; Ambrosius, der spätere Bischof von Mailand, wurde als Sohn des Prätorianerpräfekten um 340 in Trier geboren.
Auch die 2. Hälfte des 4. Jh.s sah Trier noch als Residenz des Kaisers Valentinian I. und seines Sohnes Gratian, zu dessen Erziehung der Dichter Ausonius nach Trier gekommen war. Doch mit der Ermordung des Gratian (383) begann das Ende der Kaiserresidenz, obwohl sich zunächst noch der Usurpator Maximus in Trier aufhielt. Mit dem Tode des Valentinian II. und des oströmischen Kaisers Theodosius wurde die Präfektur gegen 395 von Trier nach Arles verlegt, nachdem der Kaiserhof bereits früher nach Mailand übergesiedelt war.

Die Verminderung der Truppenstärke an der Rheingrenze bewirkte um 400 den Durchbruch germanischer Horden und führte zu immer häufigeren Überfällen. Zwischen 406 und 432/33 wurde die Stadt viermal von den Franken erobert und verwüstet. Um 475 fiel Trier endgültig in fränkische Hand. Um die Kirchen, insbesondere um den Bischofssitz, bildeten sich in der zerstörten Stadt verschiedene Siedlungspunkte; auch die römischen Großbauten boten mit ihren mächtigen Ruinen einigermaßen sichere Zufluchtsorte, so daß sich die einst geschlossene Stadt in mehrere Einzelsiedlungen auflöste. In diesen unruhigen Zeiten war der Bischof die wichtigste Stütze für die geschichtliche Kontinuität der Stadt.

5.–10. Jahrhundert. Nachdem Trier und das Trierer Land dem Reiche des Frankenkönigs Chlodwig eingegliedert worden waren, wurde die Stadt Sitz eines fränkischen Gaugrafen, der sich in der ehemaligen kaiserlichen Palastaula ('Basilika') niederließ. Um die Mitte des 6. Jh.s gelang es dem Trierer Bischof Nicetius, die zerstörten Kirchengebäude wiederherzustellen, sein Bistum zu erneuern und zu festigen. Zahlreiche Stiftungen der fränkischen und merowingischen Könige förderten die großen Klosterbauten der Stadt. Der Bischof erhielt in zunehmendem Maße weltliche Hoheitsrechte, die durch Karl d. Großen zunächst wieder beschnitten wurden, wobei der Trierer Bischof als Ersatz die Würde eines Erzbischofs erhielt. Der Vertrag zu Verdun (843), der die Teilung des Karolingerreiches unter den Söhnen Karls regelte, wies Trier dem Mittelreich zu, bis dann 870 durch den Vertrag von Meersen Trier endgültig zum Ostreich kam.
Die Zerstörung der Stadt durch die Normannen, die Trier in der Karwoche des Jahres 882 überfielen, war katastrophal; nur das mächtige Mauerwerk der antiken Großbauten widerstand der zerstörenden Feuersbrunst.
Erst langsam begann der Wiederaufbau der Stadt, wobei das römische Straßensystem fast vollständig verschwand. Neue, quer verlaufende Straßen verbanden die wichtigen Punkte der Stadt. 902 schenkte König Ludwig IV. (das Kind) dem Erzbischof Radbod die königlichen Rechte in der Stadt und im Trierer Tal (Zoll, Münzrecht und sämtliche Einkünfte der ehemaligen königlichen Güter). Damit begann eine Entwicklung, die den Trierer Erzbischof schließlich zum souveränen Landesherrn und Kurfürsten machte. Die Verlegung des 'alten Marktes' nahe der Römerbrücke vor den Dom (heute Hauptmarkt) und die Errichtung des Marktkreuzes im Jahre 958 durch Erzbischof Heinrich unterstreichen die neue politische Bedeutung des Bischofs für die Stadt.
Unter Erzbischof Egbert (977–993) erlebte Trier einen Höhepunkt künstlerischen Schaffens, vor allem im Bereich der Buchmalerei und der Goldschmiedekunst. Der Nachfolger, Erzbischof Ludolf (994–1008), umgab um 1000 den Dombereich und die Kurien mit einer festen Mauer (sogen. Helenenmauer), deren Verlauf noch im heutigen Straßenbild teilweise erkennbar ist.

11.–16. Jahrhundert. Nach Beendigung der Trierer Bistumsfehde gelang es Erzbischof Poppo von Babenberg (1016–1047) mit Unterstützung des Kaisers, die Stellung des Bischofs weiter zu festigen. Die Wiederherstellung des Domes mit der neuge bauten Westfassade, die erst unter seinen Nachfolgern fertiggestellt wurde, und die Errichtung des Simeonstiftes mit seiner Doppelkirche in den Mauern der römischen Porta Nigra bezeugen die Aktivität des Erzbischofs. Zugleich regen sich in der Stadt aber unter den adligen Ministerialengeschlechtern in zunehmendem Maße Kräfte, die dem Herrschaftsstreben des Erzbischofs entgegenwirkten. Erzbischof Bruno (1102–1124) ließ zwischen Brücke und den Ruinen der Kaiserthermen eine Mauer errichten, welche die in den Resten der römischen Barbarathermen residierenden und immer Unruhe verursachenden 'Herren von der Brücke' vom Stadtgebiet ausschloß.

Unter den Erzbischöfen Albero von Montreuil (1131–1152) und Arnold von Isenburg (1242–1259) wurde der mittelalterliche Stadtmauerring vollendet, der sich heute noch im rings um die Altstadt ziehenden Alleenring deutlich abzeichnet. Dadurch war das Stadtareal, das nunmehr nur etwa ein Drittel der römischen Stadt bedeckte, für Jahrhunderte festgelegt: Die ganze südliche Hälfte und ein Teil der östlich am Berg liegenden römischen Stadtfläche waren aufgegeben. Nur entlang des Moselufers und an der Nordseite entsprach der Verlauf der mittelalterlichen Stadtmauer der römischen Vorgängerin. Das alte römische Südtor (Porta Media) und die Porta Alba auf der Heiligkreuzer Höhe wurden abgebrochen. Die Ruinen der Kaiserthermen wurden als neue Eckbastion in die mittelalterliche Befestigung einbezogen, wobei ein ehemaliges Thermenfenster als Stadttor diente.

Der Streit zwischen dem Erzbischof und dem Stadtadel um die Vorherrschaft in der Stadt nahm immer heftigere Formen an, bis schließlich der Erzbischof vom Kaiser das Amt des Stadtvogtes erhielt und damit zum obersten Gerichtsherrn über Stadt und Land wurde. Er residierte nun im 'Palatium', der alten römischen Palastaula Kaiser Konstantins.

Vom Hauptmarkt aus gingen Straßen zur ehem. Porta Nigra (St. Simeon), aber auch zur Brücke (Fleischstraße) und zu dem im Süden gelegenen Neutor (Brotstraße und Neustraße). Zur Mosel mit den Verladeanlagen führten die Dietrichstraße und die Krahnenstraße. Allmählich waren durch den wirtschaftlichen Aufstieg geschlossene Straßenzüge entstanden. Andere Stadtteile waren nur locker bebaut, mit weiträumigen, als Gärten genutzten Freiflächen, die sich heute noch stellenweise in der Stadt erkennen lassen. Neben den Fachwerkbauten wurden in zunehmendem Maße von wohlhabenden Bürgern Steinbauten errichtet, deren besondere trierische Eigenart der an der Fassade bis zur Giebelspitze hochgeführte Außenkamin war. Zahlreiche Klöster hatten in Trier ihre festen Höfe, und im 13. Jahrhundert kamen die Bettelorden in die Stadt. Außerhalb der Stadtmauern lagen ringsum bedeutende Klöster: Im Süden, vor der ehemaligen römischen Porta Media, befand sich die Benediktinerabtei St. Eucharius/St. Matthias, und im Bereich des ehem. römischen Tempelbezirkes im Altbachtal lag die Karthause St. Alban. Im Norden standen die Abteien St. Martin, St. Maria ad Martyres und St. Maximin sowie das Stift St. Paulin.

Im 14. Jahrhundert hatte die Trierer Bürgerschaft mit der um 1302 erreichten Einführung des Stadtrates, in welchem neben den Schöffen und Ministerialen auch Vertreter der bürgerlichen Zünfte saßen, einen wichtigen Schritt in Richtung auf eine Selbständigkeit der Stadt erkämpft. Der bedeutendste Trierer Erzbischof und Begründer des Trierer Kurstaates, Balduin von Luxemburg (1307–1354), konnte zwar die Selbständigkeitsbestrebungen, die auf eine ‘reichsfreie Stadt’ hinzielten, in Grenzen halten, doch die Nachfolger mußten immer mehr Rechte abgeben.

Die Blüte der mittelalterlichen Stadt, die in ihrer Glanzzeit 10 000 – 12 000 Einwohner zählte, und das Selbstbewußtsein der Bürgerschaft, deren Zünfte schließlich allein die Mitglieder des Rates bestimmten, wird deutlich in dem stolzen, zinnengeschmückten Bau, der sogenannten ‘Steipe’ am Hauptmarkt, an deren Fassade zwei geharnischte Männer die bürgerlichen Freiheiten gegenüber dem Bischof versinnbildlichen. Auch die 1473 gegründete Universität wurde nicht zuletzt durch die Trierer Bürgerschaft realisiert; sie blieb bis zum Einmarsch der französischen Revolutionstruppen 1798 bestehen. Im gleichen Jahr 1473 wurde in Trier der äußerst prunkvoll ausgestaltete Reichstag gefeiert, auf dem Kaiser Friedrich III. und Herzog Karl der Kühne von Burgund über die Heirat ihrer Kinder Maximilian und Maria verhandelten.

1512 kam Kaiser Maximilian zu einem Reichstag nach Trier; er erreichte beim Trierer Erzbischof, daß die Tunika Christi, die kostbare Reliquie der Domkirche, erstmals öffentlich gezeigt wurde. Die Hoffnung der Trierer auf Reichsunmittelbarkeit erfüllte sich nicht. Selbst ein von den Bürgern angestrengter Prozeß endete schließlich mit dem Schiedsspruch Kaiser Rudolfs II., der die Stadt 1580 endgültig dem Kurfürsten unterstellte. Die danach erlassene neue Ratsverfassung hob die bürgerliche Selbstverwaltung auf und setzte an die Spitze der Stadt einen kurfürstlichen Statthalter.

Die Streitfrage nach der Reichsunmittelbarkeit der Stadt spielte auch im Reformationsversuch des aus dem Trierer Vorort Olewig stammenden Predigers und Calvinschülers Dr. Caspar Olevian eine große Rolle. Zahlreiche Bürger schlossen sich 1559 der neuen Lehre an und beriefen sich auf das Recht der freien Wahl des Religionsbekenntnisses, da man 'freie Reichsstadt' sei. Durch das energische Eingreifen des Kurfürsten Johann VI. von der Leyen scheiterte der Reformationsversuch, so daß Caspar Olevian mit einer großen Zahl protestantischer Bürger die Stadt verlassen mußte. Auch als Reaktion auf diese Vorfälle berief der Kurfürst die Jesuiten 1560 aus Köln nach Trier.

17.–18. Jahrhundert. Dem wirtschaftlichen Niedergang der Stadt wußte zunächst Kurfürst Lothar von Metternich (1599–1623) entgegenzuwirken. Der Neubau seiner Residenz (Kurfürstliches Palais) ist ein Beispiel seiner Bemühungen, doch der Ausbruch des Dreißigjährigen Krieges (1618) brachte ab 1630 auch für Trier und das Trierer Land Not und Zerstörung. Zwischen den Fronten liegend, wechselten in der Stadt immer wieder französische und spanisch/kaiserliche Besatzungen. Die Beendigung des Dreißigjährigen Krieges (Westfälischer Friede, 1648) brachte für Trier keine langandauernde Friedenszeit, sondern es folgten unter Kurfürst Carl Caspar von der Leyen (1652–1676) schon bald neue kriegerische Auseinandersetzungen mit Frankreich, die 1674 in der Zerstörung zahlreicher Klöster im Umkreis der Stadt durch den französischen General Vignory gipfelten. Auch im spanischen Erbfolgekrieg ertrug die Stadt erneut abwechselnd französische und alliierte Besatzungen.
Erst eine längere Friedenszeit nach 1714 ermöglichte eine Gesundung der desolaten wirtschaftlichen Verhältnisse, erlaubte den Wiederaufbau und die Verschönerung der Stadt. Vor allem die Kurfürsten Franz Georg von Schönborn (1729–1756) und Johann Philipp von Walderdorff (1756–1768) verbesserten Handel und Gewerbe und betätigten sich als großzügige Bauherren.
Wählten schon früher gelegentlich die Erzbischöfe und Kurfürsten statt Trier das am Rhein liegende Koblenz als ihre bevorzugte Residenz, so mied der letzte der Kurfürsten Triers, Clemens Wenzeslaus (1768–1794), fast gänzlich die Domstadt.
Die Besetzung Triers durch die französischen Revolutionstruppen 1794/95 leitete das Ende des Trierer Kurstaates ein. 1801 wurde die Stadt mit dem linksrheinischen Gebiet Teil Frankreichs, wobei Trier Hauptort des 'Saardepartements' war. Schon 1798 war die Trierer Universität geschlossen worden; die Klöster und Stifte wurden 1802 aufgelöst und zahlreiche Kirchen und Klostergebäude abgerissen. Dem wirtschaftlichen Niedergang suchte man durch neue Betriebe (Porzellanmanufaktur, Intensivierung der Tuchfabrikation) entgegenzusteuern.

19.–20. Jahrhundert. Nach der Friedensregelung des Wiener Kongresses erhielt Preußen 1815 auch formell den linksrheinischen Teil des ehemaligen Kurfürstentums Trier und gliederte es der neu gebildeten Rheinprovinz ein. Die Stadt Trier wurde Sitz eines Regierungspräsidenten und erhielt eine Garnison.

Die große Schuldenlast, die Grenzlage der Stadt und der Ausfall des französischen Absatzmarktes verursachten neue wirtschafliche Krisen, die zu einer großen Verarmung weiter Bevölkerungskreise führten; diese erlebte der 1818 in Trier geborene Karl Marx mit. Dazu kamen Mißernten, so daß auch der Weinhandel in arge Bedrängnis geriet. Erst die Aufnahme der Dampfschiffahrt auf der Mosel (1839) und der Bau der Bahnlinien (ab 1856) brachten eine spürbare Verbesserung der wirtschaftlichen Verhältnisse. Durch die Folgen des Ersten Weltkrieges kam Trier erneut in eine politische Randlage und erhielt bis 1930 eine französische Besatzung, so daß das Wirtschaftswachstum wiederum blockiert wurde.

Die Zerstörungen des 2. Weltkrieges umfaßten etwa ein Drittel der Altstadt; zahlreiche bedeutende Kulturdenkmäler gingen für immer verloren. Der Wiederaufbau begann nur mühsam unter schwierigen Bedingungen, und ein neuer wirtschaftlicher Aufschwung ließ zunächst lange auf sich warten. Der Weinhandel und kleinere Industriebetriebe, Einzelhandel und Fremdenverkehr sind heute die Stützen der Wirtschaft. 1964 war die Kanalisierung der Mosel abgeschlossen. Der Ausbau der Straßen und der Anschluß an das Autobahnnetz sorgten für eine bessere Verkehrsanbindung der Region Trier sowohl an die Industriezentren am Rhein als auch nach Frankreich, Luxemburg und Belgien. Die 1969 durchgeführten Eingemeindungen vergrößerten das Stadtgebiet auf das Doppelte, so daß die Einwohnerzahl ca. 100 000 erreichte. Am Stadtrand entstanden neue Wohngebiete.

Im Jahre 1970 wurde die neue Trierer Universität eröffnet. Zunächst wurde das Konzept einer Universität an zwei verschiedenen Standorten (Trier und Kaiserslautern) verfolgt, wobei in Trier die Geisteswissenschaftliche Fakultät errichtet wurde. Seit 1975 sind beide Teiluniversitäten selbständige Hochschulen, in Trier derzeit mit fünf Fachbereichen, die neben den geisteswissenschaftlichen Fächern die Wirtschaftswissenschaften und die Rechtswissenschaft umfassen. Zudem gibt es einen Kooperationsvertrag mit der Theologischen Fakultät Trier. In den letzten Jahren wurde auch die Fachhochschule des Landes Rheinland-Pfalz erweitert, so daß sie zusammen mit der Universität für die europäischen Nachbarländer als Ausbildungsstätte interessant ist.

Sein 2000jähriges Stadtjubiläum beging Trier 1984. Seit dieser Zeit ist ein starker Anstieg des Fremdenverkehrs zu verzeichnen.

Historische Persönlichkeiten

Die nachstehende Liste vereinigt in chronologischer Folge 24 Persönlichkeiten, die durch Geburt oder Lebenswerk mit Trier verbunden sind. Sofern nicht anders angegeben, ist Trier Geburts- bzw. Sterbeort.

Ambrosius, *334 oder 340 als Sohn des gleichnamigen Praefectus praetorio Galliarum, †397 in Mailand. Nach dem Tode des Vaters (um 352) Übersiedlung nach Rom. Nach Eintritt in die Staatslaufbahn kaiserlicher Beamter in Mailand, dort im Jahre 374 zum Bischof gewählt. Kirchenlehrer und bedeutender Theologe des 4. Jh.s.

Balduin von Luxemburg, *1285 in Luxemburg, †1354. Nach Studien in Paris 1307 Erzbischof von Trier, bedeutender Kirchenfürst des 14. Jh.s, Begründer des Trierer Kurstaates. Zog mit seinem Bruder, dem deutschen König und späteren Kaiser Heinrich VII., nach Italien. Neben der politischen Festigung auch Neuregelung der Verwaltung im Trierer Kurstaat.

Caspar Olevian, *1536, †1587 in Herborn. Jurastudium in Paris, Orléans und Bourges. Kontakte zur Schweizer Reformation, von Calvin als Prediger 1559 nach Trier geschickt, hier vergeblicher Versuch der Einführung der Reformation. Später Theologieprofessor in Heidelberg und Herborn.

Lothar von Metternich, *1551, †1623 in Koblenz. Kurfürst und Erzbischof von Trier. Bedeutender Politiker des 16. Jh.s und Mitglied der Katholischen Liga.

Friedrich Spee von Langenfeld, *1591 in Kaiserswerth (Düsseldorf), †1635. Jesuit, Lehrer und Seelsorger; Verfasser der 'Cautio Criminalis' 1631 und Gegner der Hexenverfolgungen. 1632 Verfasser des 'Goldenen Tugendbuches' und der 'Trutz-Nachtigall'. 1632 Theologie-Professor in Trier, starb bei der Pflege pestkranker französischer Soldaten.

Johann Nikolaus von Hontheim, *1701, †1790 in Montquentin (Lux.). Nach Studium der Jurisprudenz und Theologie in Trier, Löwen und Leiden Aufenthalt in Rom. Ab 1732 Professor in Trier, Stiftsherr von St. Simeon. 1749 Weihbischof; Verfasser wichtiger historischer Werke. Autor des 'Febronius' und Befürworter eines Staatskirchentums; Kritik des päpstischen Primats.

Johann Seiz, *1717 in Wiesentheid, †1779 in Koblenz. Kurtrierischer Baumeister und Architekt (Barockflügel des Kurfürstlichen Palais).

Johann Hugo von Wyttenbach, *1761 in Bausendorf, †1848. Studium der Theologie, später Bibliothekar und im Schuldienst tätig. Begründer der Stadtbibliothek Trier. Verfasser zahlreicher historischer Schriften und Mitbegründer der Gesellschaft für nützliche Forschungen. 1792 Begegnung mit Goethe bei dessen Aufenthalt in Trier.

Johann Peter Job Hermes, *1765, †1833. Jurastudium in Trier; Richter, Kunstsammler und Mäzen, Stadtrat. Schenkte seine Bibliothek und Kunstsammlungen der Stadt.

Viktor Josef Dewora, *1774 in Hadamar, †1837. Theologiestudium in Würzburg, Mainz und Fulda; Seelsorger in Trier und Verfasser zahlreicher pädagogischer Schriften; Eröffnung eines Seminars zur Lehrerausbildung; ab 1824 Domkapitular.

Heinrich Ludwig Lambert Gall, *1791 in Aldenbach bei Jülich, †1863. Gerichtsschreiber und Sekretär in verschiedenen Kanzleien. Ab 1816 in Trier; von 1819–1820 Aufenthalt in Amerika; Schriften zur Weinverbesserung und Entwicklung von Destillierapparaten. Setzte sich stark für die von ihm entwickelte Naßzuckerung des Weines ein; 1859 Rückkehr nach Trier.

Johann Anton Ramboux, *1790, †1866 in Köln. Maler und Konservator der Walraff'schen Sammlung in Köln. Ehrenbürger der Stadt Trier.

Johann Wilhelm Rautenstrauch, *1791 in Straßburg, †1858. Kaufmann und Begründer eines Handels- und Bankhauses. Stadtrat und Förderer des Projektes der Moseldampfschiffahrt sowie der Einrichtung der Eisenbahnlinie; 1. Präsident der 1855 gegründeten Handelskammer.

Johann Baptist Caspary, *1796 in Bernkastel, †1885. Begründer der ehemaligen Caspary-Brauerei in Trier.

Heinrich Adolf Kraemer, *1798 in St. Ingbert, †1876. Übernahm 1827 die Eisenhütte zu Quint, die unter ihm zu großer Bedeutung gelangte.

Lorenz Kellner, *1811 in Kalteneber, †1892. Pädagoge, Landtagsabgeordneter und ab 1855 in Trier als Regierungs- und Schulrat tätig. 1872 Mitglied der preußischen Kommission zur Neuordnung des Volksschul- und Seminarwesens, Verfasser zahlreicher pädagogischer Schriften.

Matthias Eberhard, *1815, †1876. Wurde 1867 Bischof von Trier. Erbitterter Gegner Bismarcks im Kulturkampf.

Karl Heinrich Marx, *1818, †1883 in London. Besuch des Gymnasiums in Trier, Studium in Bonn und Berlin. Später Chefredakteur der Rheinischen Zeitung. 1843 Übersiedlung nach Paris. Nach Aufenthalt in Brüssel ab 1847 in London. Verfasser des 'Kommunistischen Manifestes' und des 'Kapital'; Gründer der Internationalen Arbeiterassoziation.

Ludwig Simon, *1819 in Saarlouis, †1872 in Montreux. Besuch des Gymnasiums zu Trier, Jurastudium in Bonn. Referendar und Advokat in Trier, 1848 Mitglied der Deutschen Nationalversammlung. 1849 Freikorpsführer, danach Flucht in die Schweiz; später Aufenthalt in Paris, dort Gründung eines Bankhauses.

Johann Georg Schmitt, *1821, †1900 in Paris. Domorganist zu Trier, ab 1849 Organist an der Kirche St. Sulpice zu Paris. Kapellmeister am Hof Napoleons III.; Musikprofessor und Komponist. Mitglied der Ehrenlegion und Träger des päpstlichen Gregoriusordens.

Franz Xaver Kraus, *1840, †1901 in San Remo. Theologiestudium. Ab 1878 Professor für Christliche Archäologie in Freiburg; Verfasser bedeutender wissenschaftlicher Arbeiten und kirchenpolitischer Beiträge.

Friedrich Georg Dasbach, *1846 in Horhausen, †1907 in Bonn. Theologe, Gründer katholischer Presseorgane und der Trierer Landeszeitung; Organisator sozialer Einrichtungen für die notleidende ländliche Bevölkerung; Mitglied des Zentrums und des preußischen Abgeordnetenhauses.

Clara Viebig, *1860, †1952 in Berlin. Schriftstellerin; schrieb Romane, Novellen und Dramen, in denen die Eifel und das Moselland den Handlungsraum bilden.

Oswald von Nell-Breuning SJ., *1890, †1991 in Frankfurt. 1911 Eintritt in den Jesuitenorden, Professor an der Hochschule St. Georgen, bedeutendster Sozialwissenschaftler der kath. Kirche und Verfasser wirtschafts- und sozialwissenschaftlicher Schriften, Mitarbeit an der päpstlichen Sozialenzyklika 'Quadragesimo anno'. Ab 1948 Professor an der Universität Frankfurt, 1948–1965 Mitglied des wissenschaftlichen Beirates im Bundeswirtschaftsministerium.

DIE INNENSTADT

Stadtbesichtigung

Im Straßenbild zeichnet sich die **Altstadt Triers** heute noch sehr deutlich ab. Das fast quadratische Areal wird an allen vier Seiten von einem Alleenring umgeben, der den Verlauf der mittelalterlichen Stadtbefestigung bezeichnet. Der Alleenring geht schon auf das 18. Jh. zurück, nachdem der Magistrat seit 1777 begann, im Bereich der Wallgräben um die Stadt herum eine Nußbaumallee anpflanzen zu lassen. Heute bietet der verkehrstechnisch gut ausgebaute Alleenring, von dem alle wichtigen Punkte der Stadt schnell erreichbar sind, dem Besucher eine willkommene Orientierung. Zwischen Porta Nigra und Viehmarktplatz erstreckt sich die Fußgängerzone.

Von der *mittelalterlichen Befestigung,* die zum größten Teil im Laufe des 19. Jh.s niedergelegt wurde, sind noch einige größere Mauerpartien erhalten, so in der südlichen Hälfte der Ostallee im Bereich des Palastgartens und der Kaiserthermen, die einst mit ihren Mauern die Südostecke der Befestigung bildeten und als mittelalterliches Stadttor genutzt wurden. In der Südallee steht noch ein aus rotem Sandstein gemauerter runder Turm, während an der Moselfront zwischen Römerbrücke und der ehemaligen Abtei St. Martin (in der Nähe der Kaiser-Wilhelm-Moselbrücke) die Befestigungsmauer durch den 1925/26 aufgeschütteten Hochwasserschutzdamm verschwunden ist. Die Nordwestecke der mittelalterlichen Stadtmauer ist wiederum erhalten und in der kleinen Parkanlage 'Schießgraben' zu sehen. Hier steht die mittelalterliche Mauer unmittelbar auf der ca. 3 m breiten antiken Stadtbefestigung, deren Kalksteinmauerwerk heute hinter dem Gebäude der Fachhochschule (vom Irminenfreihof aus zugänglich) auf ein gutes Stück sichtbar ist. Auch in der Nordallee sind bis zur Porta Nigra wieder größere mittelalterliche Mauerpartien erhalten. Nur an der Nordseite und an der Moselfront decken sich der Verlauf der mittelalterlichen und der antiken Stadtmauer, während an der Ost- und Südseite die mittelalterliche Mauer enger gezogen ist als ihre antike Vorgängerin. So liegt die Südallee heute in etwa auf der Querachse der antiken Stadt, dem sogen. Decumanus maximus. Die rechtwinklig dazu stehende Längsachse des antiken Trier, der Cardo maximus, begann im Norden mit der Porta Nigra, die Ausgangspunkt der Stadtbesichtigung sein soll.

Stadtbesichtigung 1:
Von der Porta Nigra zum Hauptmarkt

Porta Nigra – Simeonstift/Städt.Museum – Dreikönigenhaus – Schellenberghaus – Stapelkeller – Judenviertel

Die Baugruppe der **Porta Nigra** (Plan S. 2/3, D2) und des Simeonstiftes führt dem Besucher eindrucksvoll sowohl die antike Geschichte als auch das Stadtbild im Mittelalter vor Augen. Der Name des ehemaligen Nordtores der antiken, einst 6,4 km langen Stadtmauer (Porta Nigra = Schwarzes Tor) ist erst im Mittelalter entstanden, nachdem sich die Weißsandsteinblöcke oberflächlich grauschwarz verfärbt hatten. Ursprünglich hatte die mächtige Torburg, die heute das Wahrzeichen der Stadt ist, zwei gleichhohe Türme, von denen nur noch der westliche bis zum weit ausladenden Dachgesims erhalten ist. Beide, nur zur Feldseite hin halbkreisförmig vorspringenden Türme flankieren das Doppeltor mit seinem offenen Innenhof. Die äußeren Toröffnungen konnten einst durch Fallgitter gesperrt werden (Schlitze in den Bogenlaibungen), während die inneren Durchgänge durch Holztore verschlossen werden sollten.

Ihrem Festungscharakter entsprechend hatte die Porta Nigra im unteren Teil ursprünglich keine Fenster; die heute hier vorhandenen Öffnungen sind später entstanden. Die Vielzahl der Rundbogenfenster in den obersten drei Stockwerken und die reiche architektonische Gliederung der Fassaden durch Halbsäulen, Pilaster und Gesimse unterstreichen aber auch die Repräsentationsaufgaben des Stadttores. Der ganze Bau ist aus großen Sandsteinquadern errichtet, wobei die an den Lagerflächen paßgenau gearbeiteten Steine ohne Mörtel versetzt sind. Die nebeneinander liegenden Steine waren jeweils durch in Blei versenkte Eisenklammern miteinander verbunden, während die Steinschichten ohne Dübelverbindung lose aufeinandersitzen. Die vielen, heute durch Steine zugesetzten Ausbrüche im Mauerwerk stammen aus nachrömischer Zeit, als Metallräuber die Eisenklammern herausbrachen.

Die Höhe des Westturmes beträgt 29,30 m; die Breite des Gebäudes mißt 36 m bei einer Gesamttiefe von 25,50 m. Die Maueroberfläche ist nur teilweise geglättet; meist sind die Quader nur roh behauen, Gesimse, Halbsäulen und Pilaster nur grob angelegt. Überall sind noch die antiken Steinmetzmarken (MAR, SEC u.a.) erhalten. Dieser 'unfertige' Eindruck, den das Gebäude macht, führte dazu, daß man es ins 4. Jh.n.Chr. datierte. Neuere archäologische Untersuchungen zeigten jedoch, daß die Porta Nigra zusammen mit der ganzen Stadtbefestigung schon im letzten Drittel des 2. Jh.s n.Chr. errichtet worden ist. Eine Belagerung der Stadt durch aufständische Gallier verhinderte um 197 n.Chr. wohl die Fertigstellung des Gebäudes.

Die Porta Nigra um 1670.

Während die römische Stadtmauer und die anderen Tore des antiken Trier (Porta Media im Süden und Porta Inclyta an der Römerbrücke und die spätantike Porta Alba auf der Heiligkreuzer Höhe) im Mittelalter nach und nach abgebrochen worden waren, bewahrte der Umbau zu einer Doppelkirche die Porta Nigra vor dem gleichen Schicksal. Seit 1028 wohnte der aus Syrakus stammende Mönch Simeon, ein Freund des Trierer Erzbischofs Poppo von Babenberg, als Einsiedler in den Ruinen des Stadttores. Nach dem Tode des Simeon gründete Poppo ein Chorherrenstift und ließ die Porta Nigra in eine (übereinanderliegende) Doppelkirche umbauen: Das fensterlose Erdgeschoß wurde fast ganz zugeschüttet und von der Stadtseite eine Freitreppe zum ersten Fenstergeschoß hochgeführt, in dem die dreischiffige Unterkirche eingerichtet wurde. Das zweite Fenstergeschoß nahm die Stiftskirche auf, die durch eine seitlich angeordnete Außentreppe erreichbar war. Der Westturm erhielt einen Glockenturm, und auf dem Zwischentrakt wurde der Obergaden der Stiftskirche aufgesetzt; die ehemaligen Wehrgänge bildeten nunmehr die Seitenschiffe, während der eingedeckte ursprüngliche Torhof Mittelschiff wurde. Um 1150 wurde unter Erzbischof Albero von Montreuil an den Ostturm ein polygonaler Chorbau angesetzt, der heute noch bis zur flach gedeckten Zwerggalerie erhalten ist. Als Ersatz für das Stadttor wurde am Ostchor ein kleines Torhaus angesetzt, das im 18. Jh. von einem barocken Torbogen abgelöst worden war. Zur Landseite hin waren die Torbögen der Porta Nigra ebenfalls zugeschüttet und auf einer künstlichen Terrasse ein Friedhof angelegt worden. Zahlreiche Kapellen wurden der als 'hochragende Gottesburg' umgestalteten Porta Nigra im Laufe der Zeit hinzugefügt. 1803 befahl Napoleon die Auskernung und Freilegung des Römerbaues; nur die Chorapsis blieb erhalten. Zwischen 1968–1973 wurde eine umfangreiche Restaurierung durchgeführt.

Der Zugang liegt im Untergeschoß des Westturmes: Über die bei der jüngsten Restaurierung eingebaute Wendeltreppe sind heute alle Geschosse erreichbar. Ursprünglich waren in den Turmgeschossen nur Holzbalkendecken eingezogen, die auf vorkragenden Steinquadern auflagen. Sämtliche gemauerten Gewölbe stammen aus der Kirchenzeit. Ebenso wurden im Bereich des Innenhofes die ursprünglichen Fensterbrüstungen ausgebrochen und zu Durchgängen umgestaltet, die Seitenschiffe und Mittelschiff der Kirchen verbanden. Im romanischen Ostchor sind noch Reste der Farbfassung des Kircheninneren erhalten. Zahlreiche Grabtafeln und Reliefplatten sowie Reliefbilder in der Vorhalle der Unterkirche von Kirchenvätern und berühmten Bischöfen, die Trier besuchten, zeugen ebenso vom Schmuck der Kircheneinrichtungen wie auch die in das römische Mauerwerk eingemeißelten feinen Rokokodekorationen im Obergeschoß (im südlichen Wehrgang die ehem. Simeonskapelle). Im Ostturm ist auch der Zugang zur Zwerggalerie der Chorapsis (Kapitelle durch Kopien ersetzt). Unter dem Chor der Laienkirche befand sich ferner die Zelle des hl. Mönches Simeon. (Öffnungszeiten s. S. 14).

An der Westseite der Porta Nigra liegen die Gebäude des ehemaligen ***Simeonstiftes** (Plan S. 2/3, D2). Um 1036 wurde der vierflügelige Baukomplex, der als die älteste in Deutschland erhaltene salische Stiftsanlage gilt, unter Erzbischof Poppo von Babenberg begonnen. Der *Innenhof* war ursprünglich an allen vier Seiten von einem zweigeschossigen Umgang umgeben, von dem heute nur noch an der Ost- und Südseite originale Teile erhalten sind. Der *Westflügel* ist 1936–39 ohne die einst hier befindliche doppelgeschossige Brunnenkapelle rekonstruiert worden; ebenso fehlt der Umgang heute vor dem *Nordflügel*. Der Umgang besteht aus dem unteren Arkadengeschoß und dem darüberliegenden eigentlichen Kreuzgang mit zierlich wirkenden, zu Sechsergruppen zusammengestellten Rundbögen. Die schweren unteren Arkaden dienen dem Kreuzganggeschoß als Substruktion. Das kleinteilige Mauerwerk besteht aus römischem Abbruchmaterial. Bemerkenswert sind die Deckziegel auf den weißen und roten Bogensteinen der Arkaden, die eine Imitation römischer Mauertechnik (vgl. Barbarathermen, Kaiserthermen) verraten.

Im Westflügel des Simeonstiftes lag das Refektorium, im Nordflügel das Dormitorium, in welchem sich noch eine gotische Holzdecke erhalten hat; ferner sind an den Wänden Reste von ornamentalen Wandmalereien (Mäandermuster) des 11. Jh.s

Städtisches Museum Simeonstift

2. OBERGESCHOSS

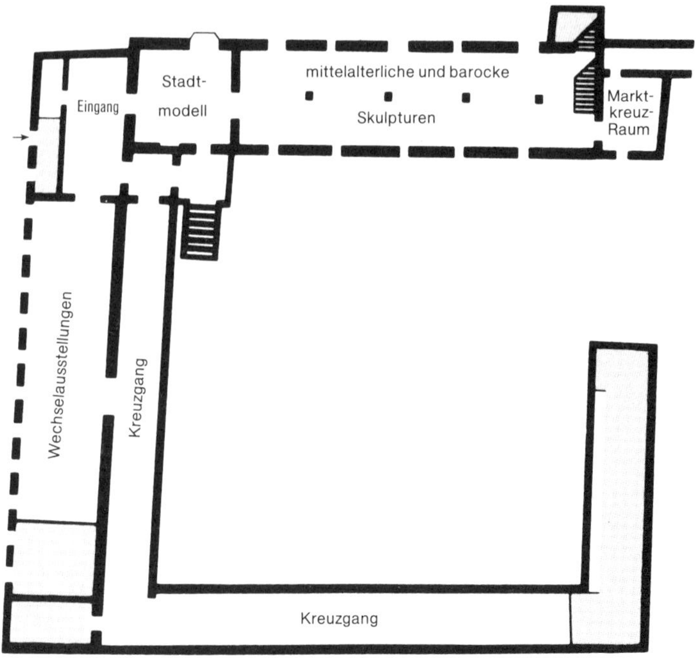

1. OBERGESCHOSS

freigelegt worden. Zwischen Nordflügel und Simeonskirche befand sich einst das Kapitelhaus mit direktem Zugang zu den beiden Kirchen. Die zu Türen erweiterten römischen Fenster und die im Giebel der Porta Nigra erhaltenen Dachschrägen zeugen von der Existenz dieses Verbindungstraktes.

Nach Auflösung des Stiftes 1802 kam der Bering in privaten Besitz und verfiel immer mehr, bis 1936–39 der damalige städtische Konservator Friedrich Kutzbach die Stiftsgebäude freilegte und renovierte. Heute befindet sich im West- und Nordflügel das *Städtische Museum*. Im Ostflügel ist die *Tourist-Information* untergebracht.

Das ***Städtische Museum Simeonstift** beherbergt die kunst- und kulturgeschichtlichen Sammlungen der Stadt Trier. Den Grundstock des 1901 gegründeten Museums bilden vornehmlich die Sammlungen dreier bedeutender Trierer, des Juristen *Johann Peter Job Hermes,* des Kunsthistorikers *Franz Xaver Kraus* und des Großkaufmanns *Wilhelm Rautenstrauch.* Nach wechselvoller Geschichte wurde das Städtische Museum 1958 in den Gebäuden des Simeonstiftes neu eingerichtet. Stiftungen Trierer Bürger erweiterten die Museumsbestände auch in den letzten Jahren.

1. Obergeschoß. Ein großes *Stadtmodell* veranschaulicht den Zustand Triers um 1800. Eine umfangreiche Sammlung originaler Stadtansichten und Darstellungen der großen Gebäude ergänzt die Information über das mittelalterliche Stadtbild. Im ehemaligen Dormitorium des Simeonstiftes (hier zu beachten die gotische Holzdecke und die Reste romanischer Wanddekorationen) befindet sich die *Skulpturensammlung,* u.a. mit den Originalfiguren des Marktbrunnens von Hans Ruprecht Hoffmann, mit dem Marktkreuz von 958 und dem spätgotischen Figurenschmuck der Steipe. (s.S. 45).

2. Obergeschoß. In der *Gemäldesammlung* beachtenswerte Arbeiten des letzten kurtrierischen Hofmalers Januarius Zick (1730–1797) und des Trierer Malers Johann Anton Ramboux (1790–1866) (s.S. 32); daneben finden sich Möbel, Fayencen, Gläser und Erzeugnisse der Trierer Porzellanmanufaktur des frühen 19. Jahrhunderts. Eine Abteilung mit moderner Malerei und Graphik schließt sich an.

Besonderes Augenmerk verdient die *Studiensammlung koptischer Kunst,* die aus der Sammlung Rautenstrauch hervorgegangen ist. Neben einer Reihe bedeutender koptischer Stoffe und einem Mumienporträt sind auch Beispiele koptischer Plastik ausgestellt.
Im ehemaligen *Refektorium* des Simeonstiftes (Westflügel) finden regelmäßig Wechselausstellungen statt. Eine Sammlung zeitgenössischer Kunst konnte in den letzten Jahren aufgebaut werden; eine Erweiterung des Städtischen Museums ist geplant. (Öffnungszeiten s. S. 14).

Die breite, einst vom offenen Stadtbach (Weberbach) durchflossene *Simeonstraße* führt von der Porta Nigra zum Hauptmarkt, dem Zentrum der Altstadt. Sie ist eine der Haupteinkaufsstraßen und verläuft noch in der Flucht des Cardo maximus der antiken Stadt, der vor der Porta Nigra als Plattenstraße mit seitlich rahmenden Pfeilerarkaden ein Stück weit rekonstruiert wurde.

Hinter dem Südflügel des Simeonstiftes liegt eine kleine, kopfsteingepflasterte Gasse (Kutzbachstraße) mit dem von Sandsteinplatten abgedeckten Kanal des Stadtbaches. Am Ende der Gasse befindet sich ein *gotisches Wohnhaus* (Kutzbachstr. 1), dessen älteste Baudaten dendrochronologisch für die Jahre 1322/23 festgelegt sind. 1970–72 erfuhr das Haus eine grundlegende Renovierung. An der Traufseite sitzt ein Außenkamin und ein kleines Brunnenhaus; die Spitzbogenfenster sind z.T. erneuert. Der reiche Bestand Triers an mittelalterlichen Wohnbauten ist durch die Zerstörungen des 2. Weltkrieges stark dezimiert worden. Zu beiden Seiten der Simeonstraße haben sich dennoch einige beachtenswerte historische Bauten und Bürgerhäuser oder zumindest ihre Fassaden erhalten.

Zum Simeonstift gehörte einst das *St. Nikolaus-Hospital* (Simeonstraße 58/59, heute u.a. Filiale der Commerzbank). Das Hospital war zur Aufnahme der Dienstmägde des Simeonstiftes, die nicht mehr arbeiten konnten, eingerichtet worden und besaß eine eigene Kapelle. Der 1761 errichtete Bau blieb erhalten und dient heute profanen Zwecken. Das Hospitalgebäude ist in den letzten Jahren unter Wahrung der alten Außenmauern neu eingerichtet worden.

Auf der anderen Straßenseite steht ein *Giebelhaus* mit Krüppelwalmdach und großem Torbogen aus der Mitte des 16. Jh.s (Simeonstraße 7), das ursprünglich als Schmiede diente. Interessant sind die reich dekorierten, zweigeteilten Obergeschoßfenster mit Inschriften und plastischem Schmuck. Daneben befindet sich ein kleineres *Barockhaus* (Simeonstraße 8), das der preußische Justizrat Heinrich Marx 1819 gekauft hatte. Eine *Gedenktafel* erinnert an seinen Sohn Karl Marx, der hier seine Kindheit und Schulzeit verbrachte. (Das Geburtshaus von Karl Marx steht in der Brückenstraße, s. S. 50).

Von besonderer kunsthistorischer Bedeutung ist das auf derselben Straßenseite stehende, spätromanisch/frühgotische ***Dreikönigenhaus** (Plan S. 2/3, D3) aus der ersten Hälfte des 13. Jh.s. Der Name des Hauses ist erst im 17. Jh. zu belegen. Der Aufbau des Wohnhauses, das in seinen beiden unteren Geschossen ursprünglich bis auf kleine Schlupfpforten keine Öffnungen besaß, erinnert noch an die befestigten romanischen Wohntürme (vgl. z.B. den 'Frankenturm' in der Dietrichstraße). Der Hauptzugang lag, über eine Holzstiege erreichbar, im ersten Fenstergeschoß. 1938 ist der stufenförmige Giebel wiederhergestellt worden. Schmale Lisenen gliedern die untere Zone mit den drei gekuppelten Rundbogenfenstern und dem Rundbogenportal.

Über einem kräftigen Gesims mit Rundbogenfriesen sitzen im nächsten Geschoß weitere gekuppelte Fenster mit spitzen Überfangbögen, die schließlich durch eine Dreierfenstergruppe mit gestufter Rahmung bekrönt werden. Die reiche spätstaufische Architekturgliederung, die den Übergangsstil deutlich macht, wird durch die 1973 nach Befund rekonstruierte Farbfassung in ihrer Wirkung als prunkvolle Schaufassade unterstrichen.

Gegenüber ist beim Bau der Stadtsparkasse (Simeonstraße 56/57) eine schöne Empirefassade neu aufgerichtet worden. Das klassizistische Haus (Simeonstraße 54) von 1820 geht auf den Schinkelschüler Johann Georg Wolff zurück und gehört mit seinen reichen Stuckornamenten zu den vornehmsten trierischen Häusern des 19. Jh.s. 1988 erhielt das Haus eine neue Farbfassung im Stil der Erbauungszeit. Anschließend befindet sich die 1962 hierhin als Dekoration eines Kaufhauses verschobene Fassade des sogen. *Schellenberg-Hauses,* das um 1780 in frühklassizistischen Formen erbaut worden war. Das Untergeschoß der mit giebelbekröntem Mittelrisalit gegliederten Fassade wurde 1962 teilweise rekonstruiert.

Wenige Schritte weiter blieben vom mittelalterlichen Trier im Kellergeschoß eines Kaufhauses (Karstadt, Simeonstraße 47) die Gewölbeteile eines aus dem 13./14. Jh. stammenden *Stapelkellers* (sogen. Schiefferkeller) erhalten. Die durch Gurtbögen getrennten und auf mächtigen quadratischen Pfeilern ruhenden Kreuzgratgewölbe sind charakteristisch für die Weinkeller und die unterirdischen Lagerräume der mittelalterlichen Stadt. Heute dient der *'Historische Keller'* als Restaurant.

Um 1740 ist das Haus *Simeonstraße 45* errichtet worden, dessen säulengeschmücktes Mittelportal von einem Balkon mit steinerner Balusterbrüstung überdeckt ist. Beim Umbau der letzten Jahre wurden die Erdgeschoßfenster zu Durchgängen umgestaltet. Gegenüber diesem Haus zweigt die *Glockenstraße* ab, in der noch Fachwerkhäuser erhalten sind. Bemerkenswert ist auf der linken (nördlichen) Straßenseite das 'Zur Glocke' genannte *Fachwerkhaus* (Glockenstraße 2), wo ehemals eine Glockengießerei untergebracht war. Über dem gemauerten Erdgeschoß liegen zwei Fachwerkgeschosse. Die Inschrift über der Tür nennt die Jahreszahl 1490; das darüber befindliche Stuckrelief von 1559 erinnert an das hier ausgeübte Gewerbe.

Eine schöne Gruppe von drei *moselfränkischen Fachwerkbauten* aus dem beginnenden 17. Jh. steht auf der rechten Seite der Simeonstraße (Hauptmarkt 22, 23, und Simeonstraße 37) im Bereich der Einmündung in den Hauptmarkt.

Ein Bogentor im Haus Hauptmarkt 23 gewährt Zugang zum mittelalterlichen *Judenviertel,* das einst zu bestimmten Tageszeiten durch eine Sperrkette abgeschlossen wurde (siche Eisenringe in der Bogenlaibung). In der anschließenden Judengasse sind noch Reste mittelalterlicher Bausubstanz erhalten, so beispielsweise ein *gotisches Haus* (Judengasse 2) aus dem 14. Jh. mit Dreipaßblenden in den Fensterstürzen.

Das mittelalterliche **Judenviertel** umfaßte die Häuserparzellen zwischen der Stockstraße, dem heutigen Stockplatz und der Jakobstraße. Neben der Judenpforte an der Judengasse befanden sich einst weitere Tore an der Einmündung der Stockstraße in die Simeonstraße, in der Jakobstraße und am heutigen Stockplatz. An der Nordseite des Viehmarktes befand sich bis 1418 ein Judenfriedhof, an den noch die Jüdemerstraße erinnert.
Die Blütezeit der mittelalterlichen Trierer Judengemeinde lag in der ersten Hälfte des 14. Jahrhunderts, als sich Erzbischof Balduin v. Luxemburg in Finanzangelegenheiten von jüdischen Kaufleuten beraten ließ. 1349 kam es jedoch im Zug der allgemeinen Judenverfolgung auch in Trier zu einem Pogrom. Es war vor allem die überall ausbrechende Pest, für die man die Juden verantwortlich machte. Zwar versuchte man nach der Katastrophe von 1349 in Trier einen Neuanfang, doch wurden die Juden schließlich von dem Trierer Erzbischof Otto von Ziegenhain (1418–1430) im Jahre 1418 aus der Stadt und dem Erzstift vertrieben. Erst im 17. Jh. siedelten sich wieder Juden in Trier an und bildeten eine neue Gemeinde.

In der Nordwestecke des heutigen Stockplatzes, der erst 1860 durch den Abriß einiger Häuser als Platzanlage entstanden ist, befindet sich ein schönes *Barockhaus* aus der Zeit um 1720 mit reich ornamentiertem Portal (Stockplatz 2). 1992 erhielt der Stockplatz eine neue Pflasterung und wurde in die Fußgängerzone integriert.

Stadtbesichtigung 2:
Der Hauptmarkt

Marktkreuz – Petrusbrunnen – St. Gangolf
Steipe – Rotes Haus – Palais Walderdorff

Das Zentrum der Altstadt bildet der dreieckige ***Hauptmarkt** (Plan S. 2/3, D3), auf dem sich die bislang der antiken Längsachse folgende Simeonstraße gabelt. Nach der Zerstörung der Stadt durch die Normannen in der Karwoche des Jahres 882 wurde das römische Straßennetz aufgegeben. Im Bereich des Domes teilte sich der Weg in die Grabenstraße/Brotstraße und Neustraße zum Südausgang der mittelalterlichen Stadt, dem sogenannten Neutor, das bis 1877 gestanden hat. An der Südwestecke des Hauptmarktes zweigt die Fleischstraße ab, die über die Brückenstraße auf unmittelbarem Weg zur Römerbrücke führt und die Verbindung zu den Handelswegen des anderen Moselufers schuf. Die westlich vom Hauptmarkt abgehenden Straßen (Dietrichstraße, Jakobstraße) führen zum Hafengelände am Moselufer, während die Sternstraße nach Osten den Zugang zur Domstadt eröffnet.

Mit der Übertragung weltlicher Hoheitsrechte (Marktrecht, Münzrecht) durch den Kaiser auf den Trierer Erzbischof, wurde zu Beginn des 10. Jahrhunderts der Alte Markt (Vetus forum) in der Nähe der Römerbrücke aufgegeben, um vor der Domstadt einen neuen Markt anzulegen. Als neues Hoheitszeichen ließ Erzbischof *Heinrich I.* im Jahr 958 mitten auf dem Platz auf einem Stufensockel eine römische Granitsäule errichten, die auf einem Blattkapitell das **Marktkreuz** (Original im Städtischen Museum) trägt. Die Vorderseite zeigt im Mittelfeld das Lamm Gottes, die Rückseite eine spätere Inschrift. Ursprünglich ist hingegen die auf der Deckplatte des Kapitells umlaufende Inschrift: 'Henricus archiepiscopus Trevirensis me erexit' (Der Trierer Erzbischof Heinrich hat mich errichtet).

Auf der Südostecke des Marktes befindet sich der 1595 von dem Trierer Bildhauer Hans Ruprecht Hoffmann geschaffene **Petrusbrunnen.** Er ersetzte einen gotischen Vorgänger. Im

achtseitigen Becken steht auf dem in mehreren Etagen aufgebauten Brunnenstock die Figur des hl. Petrus als Stadtpatron, im unteren Teil sind die vier Kardinaltugenden (Kopien; Originale im Städtischen Museum) aufgestellt: *Justitia* (Gerechtigkeit) mit Schwert und Waage, *Fortitudo* (Stärke) mit zerbrochener Säule, *Temperantia* (Mäßigung) mit Wein und Wasser, *Prudentia* (Klugheit) mit Spiegel und Schlange. Hinter den Figuren der Tugenden treiben, auf dem Brunnenschaft in feinem Relief dargestellt, Affen allerlei unartige Dinge.

Die Inschriften auf dem Brunnen erläutern den Sinn des Figurenschmucks: 'FOELIX RESPUBLICA UBI PRUDENTIA SCEPTRA TENET; SANCTA IUSTITIA BONOS TUETUR ET SONTAS GLADIO FERIT, FORTITUDO IN ADVERSIS DOMINATUR ET LAUDABILIS TEMPERANTIA CUNCTA MODERATUR' (Glücklich das Gemeinwesen, wo die Klugheit das Zepter hält, wo die heilige Gerechtigkeit die Guten schützt und die Schuldigen mit dem Schwerte richtet, wo der Starkmut im Unglück herrscht und die Mäßigung alles löblich lenkt) und 'EX HIS VIRTUTIBUS VELUT AQUA DE FONTE SALUS POPULI OMNIAQUE REI PUBLICAE BONA PERMANAT' (Aus diesen Tugenden fließt, dem Wasser aus der Quelle gleich, das Heil des Volkes und alles Gute für das Gemeinwesen).
Der üppige Dekor folgt der manieristischen Stilstufe des späten 16. – frühen 17. Jh.s, der die Hoffmann-Schule verpflichtet war. 1983 wurde der Brunnen farbig neu gefaßt, wobei von der Originalfassung keine sicheren Befunde festgestellt werden konnten.

Die Südseite des Hauptmarktes wird bestimmt durch die hinter einer Häuserzeile stehende **Markt- und Bürgerkirche St. Gangolf** (Plan S. 2/3, D3). Vom Markt aus erfolgt der Hauptzugang zur Kirche durch eine schmale Häuserlücke, in der 1731/32 ein Portalbau nach dem Plan des Augustinerbruders Josef Walter errichtet wurde und einen älteren Vorgänger ersetzte. 1984 wurde die Farbfassung rekonstruiert. Das reich ornamentierte, schmiedeeiserne Tor fertigte François Taffin, der auch das barocke Chorgitter des Domes gearbeitet hat. (Öffnungszeiten s. S. 14).

Baugeschichte. Ursprünglich war die wohl schon im 10. Jh. vielleicht von Erzbischof Theoderich gegründete Marktkirche eine bescheidene Kapelle, die im 13./14. Jh.

erneuert wurde. Der heutige spätgotische Bau wurde Anfang des 15. Jh.s begonnen. Die Vollendung der westlichen Joche des Langhauses erfolgte unter dem Erzbischof Johann II. von Baden (1456–1503). Der das Marktbild beherrschende mächtige Westturm mit seinen vier Ecktürmchen besitzt 6 Geschosse, von denen die 4 unteren noch dem Anfang des 14. Jh.s zuzurechnen sind. Die beiden oberen Stockwerke mit der schönen Turmgalerie wurden aufgrund einer Stiftung der Bürgermeisterswitwe Adelheid von Besselich vor 1507 aufgesetzt, so daß der Gangolfsturm mit 62 m Höhe die Domtürme weit überragte. Dies führte dazu, daß wenige Jahre später der Erzbischof Richard von Greiffenklau den südwestlichen Domturm aufstocken ließ, um den Turm der Bürgerkirche an Höhe wieder zu übertreffen. Der hohe Gangolfsturm eignete sich gut zur Feuerwacht. Zwei *Türmer* waren von der Stadt angestellt, die tagsüber mit roter Fahne und des nachts mit roter Laterne die Richtung des Feuerbrandes anzuzeigen und mit dem '*Zündel*', einer 1549 von Meister Dederich Wolf aus Prüm gegossenen Glocke, Alarm zu schlagen hatten. Der letzte Türmer verließ 1905 den Gangolfsturm. Außerdem wurde jeden Tag um 22 Uhr die '*Lumpenglocke*' angeschlagen, um die noch unterwegs befindlichen Bürger zur Heimkehr aufzurufen. Im Dezember 1944 wurde die Gangolfskirche von Bomben getroffen, die den gesamten Dachstuhl des Langhauses zerstörten. Renovierungen wurden verschiedentlich durchgeführt. Die letzte (1979–1981) brachte auch eine neue Farbfassung des Äußeren mit weißen Wandflächen und goldockerfarbenen, schwarz verfugten Architekturgliedern.

Inneres. Das im Osten mit einer geraden Wand abschließende Langhaus ist in sieben Joche unterteilt, wobei die Strebepfeiler des Kreuzrippengewölbes (15. Jh.) mit kurzen Wandstücken nach innen eingezogen sind, so daß flache Wandnischen entstehen. Die Nordwand öffnet sich zu einem Seitenschiff, dessen Kreuzgratgewölbe reichen Stuck aufweisen, der 1746/47 vermutlich durch den Hofstukkateur Michael Eytel geschaffen wurde. Das östliche Seitenschiffsjoch erhielt 1981 eine laternenähnliche Lichtkuppel. Die spätgotische Farbfassung des Langhauses ist 1980/81 freigelegt und ergänzt worden. Ursprünglich lag in der Chorwand des Langhauses ein großes gotisches Fenster. Nachdem man es vermauert hatte, schuf August Gustav Lasinsky 1850 das Chorwandgemälde mit dem thronenden Christus, Maria und Josef sowie anbetenden Engeln. In der unteren Zone stehen seitlich der *hl. Gangolf* und der *hl. Sebastian*. Im Mittelfeld war ursprünglich der Hochaltar aufgestellt. Die im Geiste der Nazarener ausgeführte Malerei wurde 1965/66 restauriert. Bei der letzten Restaurierung 1986 wurde das Mittelfeld neu gestaltet. Von der Ausstattung ist vor allem ein *Steinretabel* vom ehemaligen Michaelsaltar in einer der Wandnischen der Südwand zu erwähnen, der unter reich ornamentierten Baldachinen den Erzengel Michael und die Heiligen Katharina, Andreas und Barbara zeigt. Der plastische und faltenreiche Stil des 15. Jh.s ist vom Werk des auch in Trier tätigen Niklas Gerhaert von Leyden geprägt. Die Grablegungsgruppe mit 10 unterlebensgroßen Figuren aus grauem Sandstein ist in der Mitte des 15. Jh.s gearbeitet worden. Das im Altarraum aufgestellte, lebensgroße *Kreuz* (Anfang 16. Jh.) erhielt 1980/81 eine neue Fassung; es stammt angeblich aus der ehemaligen Karmeliterkirche. Der *Marienaltar* an der Ostwand des Seitenschiffes wurde 1602/1603 in der Werkstatt des Trierer Bildhauers Hans Ruprecht Hoffmann gearbeitet.
Das Muttergottesrelief im mittleren Feld ist eine Neuanfertigung aus dem Jahr 1955. Am westlichen Ende des Seitenschiffes befindet sich ein großes bronzenes *Taufbekken*, das nach den in seinen Inschriften genannten Schöffen gegen Ende des 12. Jh.s gegossen worden ist; der Deckel ist modern. Das vor dem Seiteneingang stehende dreifüßige bronzene *Weihwasserbecken* mit gotischer Inschrift stammt aus dem 15. Jh. Von den Grabdenkmälern ist das *Epitaph* des Stadtrates Jacob Selheim (†1531) zu nennen, eine ausgezeichnete Arbeit der Frührenaissance. Über einem Sockel mit 4 Porträtbüsten und Wappenschilden erhebt sich eine Pilasterarchitektur. Putten hal-

ten Tafeln mit plastisch gestalteter Antiquaschrift. Seit 1944 steht in der Gangolfkirche an einem Pfeiler zum Seitenschiff die sogenannte '*Zuckerbergmadonna*', um 1320 entstanden. Die modernen Fenster im Langhaus versinnbildlichen die verschiedenen Handwerkerzünfte.

An der Südwestecke des Hauptmarktes, im Bereich der Einmündung von Fleisch- und Dietrichstraße, steht die sogenannte *__Steipe__ (Plan S. 2/3, D3), das um 1430 errichtete und 1481–83 umgebaute Fest- und Empfangshaus der Trierer Ratsherren. Das turmähnliche Gebäude ruht mit seinen drei Fenstergeschossen, dem Zinnenkranz mit vier Eckwarten und dem steil aufragenden Dach auf einer Stützenkonstruktion, die sich an zwei Seiten zu je drei Arkaden öffnet. Diese Stützen – im Trierischen Dialekt '*Steipen*' genannt – gaben dem Haus seinen Namen.

Die dem Markt zugewandte Schaufassade trägt einen vielsagenden Figurenschmuck (Abgüsse; Originale im Städt. Museum): in den Zwickeln der Erdgeschoßarkaden sind von links nach rechts der *hl. Jakobus* (Patron des Bürgerhospitals), die *hl. Helena* (Stifterin der Domkirche und vieler Reliquien), der *hl. Petrus* (Stadtpatron) und der *hl. Paulus* (Patron der 1473 gegründeten Universität) dargestellt. Der Stolz der Bürger, der in dem trutzigen Bau der Steipe zum Ausdruck kommt, wird vor allem auch durch die beiden geharnischten Männer mit ihren Standarten im ersten Obergeschoß verdeutlicht. Sie repräsentieren, den 'Rolanden' gleich, die bürgerlichen Freiheiten und wurden zu einer Zeit aufgestellt, als die Trierer mit dem Erzbischof um die Reichsfreiheit stritten. So mag es Absicht gewesen sein, den der Marktkirche zugewandten 'Riesen' mit offenem, den auf die Domkirche schauenden aber mit heruntergeklapptem Visier darzustellen.
An der Südseite der Steipe ist wieder der für die mittelalterlichen Trierischen Häuser charakteristische, auf einer gotischen Konsole ruhende Außenkamin angelegt; die Kaminkrönung, die auch sonst nie erhalten ist, ist ein Rekonstruktionsversuch. Bei der Zerstörung der Stadt im Kriegsjahr 1944 sank auch die Steipe mit den anschließenden Häusern in Trümmer. Die Rekonstruktion wurde 1970 fertiggestellt.

Das westlich an die Steipe anschließende **Rote Haus** wurde 1683 von dem Baumeister Wolfgang Stuppeler für den Bäckeramtsmeister und Domsekretär Johann Wilhelm Polch erbaut; sein Wiederaufbau nach der Zerstörung von 1944 erfolgte ebenfalls in den Jahren

1968–70. Der ehemalige rote Anstrich gab dem Haus seinen Namen. Der Bauherr ließ über der Fensterreihe des ersten Obergeschosses in goldenen Lettern einen Spruch auf die Fassade seines Hauses schreiben, der auf die sagenhafte Gründung Triers anspielte: *'Ante Romam Treviris stetit annis mille trecentis perstet et aeterna pace fruatur. Amen!'* (s. S. 21) Im zweiten Obergeschoß ist zwischen den Fenstern in einer Nische die Figur des hl. Antonius v. Padua aufgestellt. Auf den Heiligen bezieht sich auch die Inschrift: 'Auxilium suis confidentibus' (Hilfe denen, die ihm vertrauen).

Die strengen, aufgereihten Rechteckfenster erinnern noch an die Häuserfassaden der Renaissance, während Hausportal und Volutengiebel den Frühbarock charakterisieren. Die neben dem Roten Haus stehenden beiden Häuser in der Dietrichstraße aus dem 16. Jh. wurden nach ihrer Kriegszerstörung 1960 bzw. 1968–70 zusammen mit dem Steipenbering wiederaufgebaut.

Ein malerischer Winkel ist der Innenhof der Steipe mit dem noch originalen Haus *Zum Hirtzhorn*, dessen quadratischer Treppenturm im Türsturz die Jahreszahl 1559 trägt. Dem Markt zugewandt schließen sich an die Steipe zwei *Barockhäuser* (1664 und 1667) an, die mit ihren schlanken Proportionen noch an gotische Häuser erinnern. Die Giebel sind mit Rollwerk und Aufsätzen geschmückt. In einem der Häuser (Hauptmarkt 15) wurde 1790 der Maler *Johann Anton Ramboux* (s.S. 32) geboren. An der Ecke Hauptmarkt/Jakobstraße befindet sich das *Haus zum Blauen Löwen*, welches nach dem Plan von Leblanc 1785 erbaut worden war. 1904 wurde das Haus abgetragen und 1906 mit den alten Steinen in leicht veränderten Proportionen neu aufgebaut. Das dem französischen Klassizismus folgende Haus erhebt sich über einem Sockelgeschoß, auf dem eine zwei Fenstergeschosse übergreifende Pilasterordnung sitzt; sie trägt das Dachgesims mit einer Attika. Reich ornamentierte Fensterbrüstungen, Relieffelder und die der Attika aufgesetzten Vasen komplettieren zusammen mit den das mittlere Mansardenfenster flankierenden Löwen den aufwendigen Fassadenschmuck.

Die Ostseite des Hauptmarktes zeigt z. T. ebenso reizvolle Häuserfassaden. Die nördliche Ecke Hauptmarkt/Sternstraße markiert die ehemalige, 1775 durch Andreas Seiz erbaute Hauptwache mit den drei Arkaden im Erdgeschoß.

In der Südostecke des Hauptmarktes liegt die schon im 13. Jh. urkundlich genannte *Löwenapotheke*, angeblich die älteste Apotheke Deutschlands. Das heutige Gebäude wurde 1697 erbaut und zeigt noch im Ladenraum eine schön stuckierte Balkendecke.

Stadtbesichtigung 3:

Zwischen Hauptmarkt und Südallee

Frankenturm – Haus Zum Schwarzen Ochsen – Kornmarkt – Casino – Kronenburg – Heuschreckbrunnen – Haus Venedig – Karl-Marx-Haus – Antoniuskirche – Viehmarkt – Viehmarktthermen – Augustinerkirche – ehem. röm. Forum – Roter Turm – Neustraße – Kaufhaus Insel – Handwerkerbrunnen – Jesuitenkirche – Friedrich-Spee-Gruft – Palaststraße

Die südlich vom Hauptmarkt ausgehenden beiden Straßen (Brot- und Fleischstraße) tragen ihren Namen von den im Mittelalter hier aufgestellten Brotständen bzw. den Fleischbänken der Metzger. Ehe man die Fleischstraße hinuntergeht, ist es ratsam, die zur Mosel hinunterführende Dietrichstraße aufzusuchen, wo sich nur wenige Schritte vom Markt entfernt auf der südlichen Straßenseite der sogenannte **Frankenturm** (Plan S. 2/3, D3) erhebt. Das um 1100 errichtete Gebäude ist das besterhaltene Beispiel der romanischen Wohntürme; in der Altstadt ließen sich bislang sechs dieser turmartigen Burghäuser nachweisen, die dem Stadtadel in den zuweilen recht unruhigen Zeiten als befestigte Wohnhäuser dienten.

Der Name des Hauses leitet sich von Franco von Senheim ab, der es im 14. Jh. bewohnte. Das rechteckige Gebäude erhebt sich über einem Quadersockel; das Mauerwerk aus kleinen Kalksteinquadern besitzt in regelmäßigen Abständen doppelte Ziegelbänder und imitiert römische Mauern, wobei die Ziegelbänder hier nur als Schmuckmotiv benutzt sind. An den Mauerecken sind größere Quader verarbeitet. Die Geschosse sind durch einfache Gesimsbänder voneinander getrennt. Nur das Hauptgeschoß hat zur Straßenseite hin zwei gekuppelte Rundbogenfenster, deren Überfangbogen aus weißen und roten Keilsteinen gemauert sind. Ansonsten finden sich nur kleine Plattenfenster in Rundbogenform, die eher wie Lichtschlitze wirken. Das große Rundbogentor auf der Straßenseite ist, wie auch die gotischen Fenster in späterer Zeit, eingebrochen worden. Der ursprüngliche Zugang befand sich an der Ostseite in der Höhe des zweiten Geschosses. Er war nur über eine Holztreppe erreichbar (halbrunder Türsturz aus einem umgekehrt liegenden römischen Inschriftquader). Der Zinnenkranz und die westliche Hälfte des oberen Stockwerkes wurden 1938 rekonstruiert.

Schräg gegenüber dem Frankenturm befindet sich der *Warsberger Hof* (heute Kolpinghaus), der um 1720 im Typus eines Herrenhauses mit vorgelagertem Hof- und Torgebäude errichtet wurde. Vom einstigen Park sind hinter dem Haupthaus noch schöne alte Bäume erhalten.

Neben dem Warsberger Hof steht das schlichte, 1748 erbaute barocke *Pfarrhaus von St. Gangolf.* Die Gedenktafel an seiner Fassade erinnert an Johann Wolfgang von Goethe, der hier als Begleiter des preußisch-österreichischen Heeres (bei der sog. Campagne in Frankreich) während seines Trierer Aufenthaltes im Jahre 1792 wohnte.

An der Ecke Dietrichstraße/Fleischstraße steht das dreigeschossige Barockhaus *Zum schwarzen Ochsen,* 1766 erbaut und 1910 in der alten Form erneuert. Die zur Römerbrücke führenden Straßen zeigen dem aufmerksamen Betrachter noch manche interessante Hausfassade, wenn auch vieles durch den Krieg und durch neue Bauten zerstört ist. Ein bemerkenswerter Bau des Trierer Klassizismus ist das Haus *Fleischstraße Nr. 12* (heute Brauereiausschank 'Brasserie'), das um 1826 errichtet und in den Jahren 1977/78 restauriert wurde. Das Gebäude besticht durch sein zurückspringendes Mittelteil, seinen reichen Reliefschmuck und die kunstvollen Metallgitter. Die erneuerte Farbfassung läßt den ornamentalen Reichtum wieder deutlich werden. Der Bauherr des Hauses, der Trierer Arzt Dr. Lambert B. Theys, hat in der feinen Symbolik des Reliefschmucks (Heilpflanzen, besondere Tiere u.a.) seinen Beruf darstellen lassen.

Im weiteren Verlauf führt die Fleischstraße zum **Kornmarkt** (Plan S. 2/3, C3) mit dem *Georgsbrunnen,* den die Stadt zu Ehren des Kurfürsten und Erzbischofs Franz Georg von Schönborn nach einem Entwurf des Architekten Johannes Seiz 1750/51 hatte errichten lassen. Ausführender Bildhauer war der Trierer Theodor Amlinger. Der hl. Georg steht auf dem obeliskähnlichen Brunnenstock, an dessen unterem Ende die vier Jahreszeiten dargestellt sind. 1987 erhielt der Brunnen eine neue Farbfassung, wie sie dem 18. Jh. entspricht. Der Kornmarkt war zunächst nur ein Lagerplatz, ehe man 1746 beschlossen hatte, den Platz 'zu allgemeinem Nutzen der Bürger und zu einer Zierde der Stadt', zu einem 'Neuen Markt' zu gestalten. 1766 ließ Kurfürst Johann Philipp von Walderdorff eine Verbindung zwischen Brot- und Fleischstraße herstellen. An der Nordseite des Platzes stand bis zu seiner Zerstörung im letzten Krieg das *Alte Rat- und Kaufhaus,* ein gotischer Bau (15. Jh.), der im 18. und 19. Jh. erweitert und umgebaut worden war. An dieses Haus

erinnert noch die große Zeder aus seinem Vorgarten und ein darunter aufgestelltes Kapitell von den großen Erdgeschoßarkaden.
Die gegenüberliegende Seite bestimmt die klassizistische Fassade des **Casinogebäudes** mit giebelgeschmücktem Mittelrisalit. Der Bau wurde 1824/25 nach den Plänen des Trierer Stadtbaumeisters Johann Georg Wolff errichtet. Nach schwerer Kriegszerstörung wurde das Gebäude wiederhergestellt und erhielt 1979 eine stilgemäße Farbfassung. Derzeit dient es noch der französischen Garnison als Offizierskasino.

Dem St. Georgsbrunnen gegenüber wurde 1759 nach einem Entwurf des Architekten Johann Seiz für den reichen Trierer Kaufmann Johann Jakob Vacano die sogenannte **Kronenburg** erbaut, ein zweigeschossiger Bau mit prächtigem Mittelrisalit und hohem Mansarddach. Beim heute dort stehenden Postgebäude, 1879–82 errichtet und 1910 erweitert, benutzte man Originalteile der 'Kronenburg' und versuchte, an den Vorgängerbau zu erinnern. Der 1992 aufgetragene Außenanstrich entspricht dabei keineswegs der historistischen Fassade, die auf Steinsichtigkeit angelegt war. Eine schöne fünfstöckige Jugendstilfassade (1910) mit Ast- und Laubwerkdekoration bietet das Haus *Fleischstraße Nr. 42*.

Am Ende der Fleischstraße steht seit 1977 der **Heuschreckbrunnen** mit dem Symbol der gleichnamigen, seit 1848 bestehenden Trierer Karnevalsgesellschaft. Um den Brunnenschaft sind einige Trierer Originale aus früherer Zeit angeordnet: *Fischers Maathes* mit seiner langen Pfeife, das *Wichshänschen* mit seinem Eimer, *Kron's Toni* sowie *Koorscht und Kneisjen*, zwei Trierer Büttenredner. Darunter hat sich der Bildhauer Willi Hahn in origineller Weise selbst dargestellt.

Die Ecke der Johannisstraße und der Brückenstraße nimmt das **Haus Venedig** (Brückenstraße 2, derzeit Apotheke) ein. Das 1683–85 von dem Kaufmann Ambrosius Carove erbaute Haus mit hohem Giebel und Krüppelwalmdach folgt eigentlich noch dem Bauschema der gotischen Giebelhäuser; die Einzelformen weisen es aber als Bau des 17. Jh.s aus. Der kleine Erker an der Ecke mit der Figur des hl. Johannes d. Täufers verleiht dem Haus einen besonderen Reiz. Im Obergeschoß des Hinterhauses hat sich noch eine kostbare Stuckdecke (um 1685) mit biblischen und allegorischen Darstellungen erhalten.

Wenige Schritte weiter (Brückenstraße 10) bezeichnet eine Gedenktafel das * **Geburtshaus von Karl Marx** (Plan S. 2/3, C4). In den Jahren 1930–31 wurde die Fassade des 1727 erbauten Barockhauses nach ursprünglichem Muster wiederhergestellt. Ein kleiner Innenhof mit hölzernen Galerien leitet zu einem Hinterhaus über, an das sich noch ein kleiner Garten anschließt. Der vorzüglich restaurierte Gesamtkomplex vermittelt einen Eindruck von der Gestaltung eines barocken Bürgerhauses der wohlhabenden Leute. Heinrich Marx hatte das Haus 1818 gemietet, kurz bevor sein Sohn Karl geboren wurde. 1819

Karl-Marx-Haus

ERDGESCHOSS

ERDGESCHOSS
1 Information, Schriftenverkauf
2 Sonderausstellung: Zum 100. Todestag von Karl Marx
3 Sonderausstellung: Zum 100. Todestag von Karl Marx
4 Video-Raum

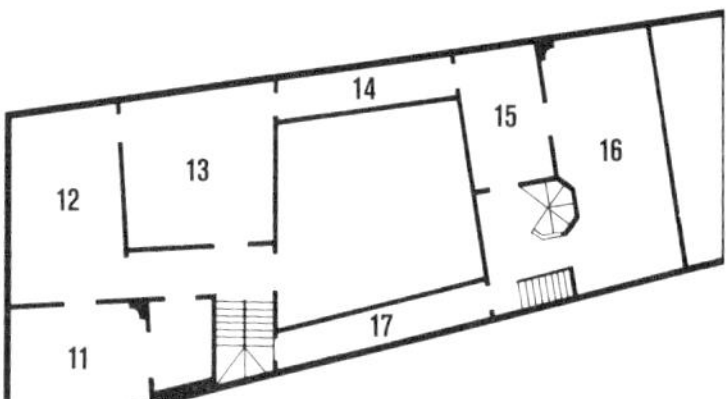

1. OBERGESCHOSS

1. OBERGESCHOSS
11 Marx & Engels: Leben und Werk I
12 Marx & Engels: Leben und Werk II
13 Marx & Engels und die Wissenschaften
14 Vorläufer des modernen Sozialismus
15 Der Bund der Kommunisten
16 Die internationale Arbeiterbewegung
17 Baumwollproduktion im 19. Jh.

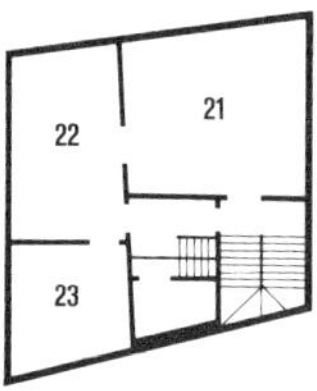

2. OBERGESCHOSS

2. OBERGESCHOSS
21 Manifest der Kommunistischen Partei: Erstausgabe, frühe Übersetzungen
22 Das Kapital: Erstausgaben, Politische Ökonomie des des 19. Jh.s
23 Originaldokumente: Briefe, Manuskripte, handschriftliche Gedichtbände, Photographien

zog die Familie in die Simeonstraße (s.S. 39) um. 1928 hatte die Sozialdemokratische Partei das Haus in der Brückenstraße aus privatem Besitz gekauft, um hier ein 'Marx-Engels- Museum' einzurichten. Noch vor der Einweihung wurde das Gebäude beschlagnahmt. 1947 wurde die Einweihung des Karl-Marx-Hauses nachgeholt. Seit 1968 wurde von der Friedrich-Ebert-Stiftung ein Museum eingerichtet, das die historische Persönlichkeit Karl Marx und sein Werk darstellen will. Zahlreiche Originalmanuskripte, Briefe und Erstausgaben der Werke von Marx und Engels sowie anderer Sozialisten sind im Rahmen einer umfangreichen Dokumentation ausgestellt (Öffnungszeiten s. S. 14). Zugleich wurde eine Forschungsstelle mit einer ca. 20 000 Bände umfassenden Bibliothek eingerichtet, die heute in einem Neubau der Friedrich-Ebert-Stiftung (Ecke Johannisstraße/ Metzelstraße) untergebracht ist (Öffnungszeiten s. S. 8).
Schräg gegenüber dem Karl-Marx-Haus befindet sich noch ein bemerkenswertes, 1806 erbautes klassizistisches Haus, *(Brükkenstraße 7)*. Die Mitte des siebenachsigen Gebäudes tritt mit ihrem Torbogen leicht aus der Hausfront hervor. Als Schmuckelemente stehen auf dem Dachgesims drei Vasen, die mittlere etwas reicher geschmückt als die beiden seitlichen.
Die erste linksseitige Abzweigung der Brückenstraße führt zur **Antoniuskirche** (Plan S. 2/3, C4), die zwischen 1458 und 1514 in mehreren Phasen erbaut worden ist. Ursprünglich stand hier nur eine kleine Kapelle, die zur Pfarrkirche St. Maria ad Pontem (St. Marien zur Brücke) gehörte. Als diese Marienkirche, die außerhalb der mittelalterlichen Stadtmauer im Bereich der Barbarathermen gelegen war, in der Mitte des 15. Jh.s erneuert werden sollte, wurde die Antoniuskapelle zur neuen Pfarrkirche erhoben und als solche 1519 bestätigt; die Marienkirche war nunmehr bis zu ihrer Zerstörung (1674) Filialkapelle.

Die ältesten Bauteile der zweischiffigen Antoniuskirche sind das Seitenschiff und der durch Inschrift 1477 datierte *Glockenturm* an der Nordwestecke. Das hohe *Hauptschiff* wurde mit seinen Strebepfeilern und dem reichen spätgotischen Netzgewölbe wohl erst im Anfang des 16. Jh.s an die Südseite des älteren Baubestandes angefügt. Ebenso wie die Gangolfskirche am Hauptmarkt sind auch in der Antoniuskirche Seitenschiff und Hauptschiff glatt geschlossen. In der Ostwand des Hauptschiffes befindet sich ein großes Fenster, das zusammen mit den Fenstern der Südwand dem Kircheninnern reichlich Licht spendet.

Inneres. Beachtenswert ist im Seitenschiff der *Mariä-Himmelfahrt-Altar*, der 1617 von Johannes Manternach, einem Mitarbeiter der Werkstatt des Trierer Bildhauers Hans Rupprecht Hoffmann, geschaffen wurde. Die farbige Fassung ist modern. Von Hoffmann selbst stammt das *Epitaph des Sendschöffen Eisenkremer* (1609), der sich mit seiner Gattin als Stifter kniend unter dem Kreuz hat darstellen lassen. Auch das ähnliche *Epitaph des Bürgermeisters Schott* entstand 1607 in der Werkstatt Hoffmanns.

Die prunkvolle *Kanzel* mit ihren kostbaren Einlegearbeiten und den Reliefdarstellungen der Evangelisten, Kirchenväter und Dominikanerheiligen ist aus dem Jahr 1762. Nach Auflösung und Abbruch des Dominikanerklosters um 1803 (ehemals im Bereich des heutigen Auguste-Victoria-Gymnasiums in der Dominikanerstraße stehend) gelangte die Kanzel in die Antoniuskirche. In einer Nische der Südwand befindet sich der von Karl Gottbill und seiner Gattin Catharina Doell 1780 gestiftete *Grottenaltar des hl. Antonius des Einsiedlers* mit den Namenspatronen der beiden Stifter.

Nördlich der Antoniuskirche steht der barocke *Herkulesbrunnen*. Der Platz an der Ostseite ist der bereits 1492 erwähnte **Viehmarkt.** Ausschachtungen für Bauarbeiten förderten hier 1987 nicht nur die Reste des 1617 errichteten Kapuzinerklosters zutage, sondern lassen auch eine umfangreiche antike und mittelalterliche Bautätigkeit erkennen. Die frühesten Siedlungsreste reichen bis in die Stadtgründungszeit zurück, ehe dann im 1. oder 2. Jh. eine *Thermenanlage* errichtet wurde, deren Baugeschichte noch unklar ist. Trotz der mittelalterlichen Nutzung als Steinbruch sind die teilweise über 2 m starken Kalksteinmauern noch gut erhalten.

So kennt man neben den Barbarathermen und den spätantiken Kaiserthermen nunmehr drei antike Badeanlagen. Es soll ein 'Thermenmuseum' errichtet werden, das nicht nur die Besichtigung der Mauerreste erlaubt, sondern auch eine Dokumentation über das antike Badewesen ermöglicht. Den Architektenwettbewerb zur Gestaltung des bei den Bürgern Triers noch immer heiß umstrittenen Thermenmuseums gewann O. Ungers. 1996 soll der Museumsbau fertiggestellt sein. – An der Südseite des Viehmarktes befindet sich die *Europahalle*.

Nicht weit entfernt liegt der Augustinerhof mit dem 1962–64 neu gebauten Stadttheater. Schräg gegenüber ist noch der Chor der ehemaligen **Augustinerkirche** aus dem Anfang des 14. Jh.s erhalten. Er dient heute als Rathaussaal. Das dreischiffige, nach Westen anschließende Langhaus wurde Anfang des 19. Jh.s bis auf die Außenwand des nördlichen Seitenschiffes abgebrochen. Der aus gelbgrauen Sandsteinquadern errichtete polygonale Chor mit den kräftigen Strebepfeilern und den aufliegenden Wasserspeiern ist in einen niedrigen Sockel und ein hohes Fenstergeschoß gegliedert. Die Fenster zeigen verschiedene Maßwerkkonstruktionen. Der gut proportionierte Innenraum wird überspannt von einem Kreuzrippengewölbe, dessen Wanddienste in halber Wandhöhe auf Blattkonsolen aufruhen.

Den heute zum Eingang umgestalteten Chorbogen ziert das um 1142 entstandene **Tympanonrelief des ehemaligen Neutores,** das bis 1877 an der Straßenkreuzung Neustraße/Kaiserstraße im Zuge der mittelalterlichen Stadtbefestigung als südliches Stadttor gestanden hat. Das aus römischen Spolien gearbeitete Relief zeigt in der Mitte Christus mit ausgebreiteten Armen, die rechte Hand mit Segensgestus und in der Linken ein Buch haltend. Zu seiner Rechten ist der Stadtpatron Petrus mit den Schlüsseln dargestellt, deren Bärte in den Buchstaben P E enden. Zur Linken Christi erscheint der erste Bischof von Trier, der hl. Eucharius, der ein Stadtmodell in den Armen hält und Christus um Segen für die Stadt bittet. Mit dem Neutorrelief ist das große Stadtsiegel des 12. Jh.s zu vergleichen, welches inmitten der mit SANCTA TREVERIS bezeichneten Stadtmauer Christus mit Schlüssel und Segensgestus sowie die hll. Petrus und Eucharius zeigt. Unter ihnen sind die bittflehenden Trierer dargestellt. Die Umschrift lautet: TREVERICAM PLEBEM DOMINVS BENEDICAT ET URBEM (Der Herr segne das trierische Volk und die Stadt).

Vom *Klostergebäude der Augustinereremiten,* die erstmals 1271 in Trier erwähnt werden, stehen südlich der Kirche noch Teile des 1722 begonnenen Neubaues. 1802 wurde das Kloster aufgelöst, nachdem die Klostergebäude schon vorher den französischen Revolutionstruppen als Kaserne gedient hatten. 1811 wurde in dem Baukomplex das 'Landarmenhaus' eingerichtet. Heute ist hier die Stadtverwaltung untergebracht.
Im Bereich des *Augustinerhofes* ergaben archäologische Grabungen zwei ausgedehnte palastartige Villen, die jeweils eine Häuserinsula der antiken Stadt umfaßten und zur Zeit des gallischen Sonderkaiserreiches (258–273) bestanden. Einer der Mosaikfußböden nennt in einer Inschrift den damaligen Prätorianertribun M. Piavonius Victorinus, der als Kommandeur der kaiserlichen Garde wohl einen dieser Wohnpaläste benutzte. Im Jahre 268 wurde er selbst von den Soldaten als Kaiser ausgerufen.

Jenseits der Hindenburgstraße ist der Bereich des **ehemaligen römischen Forums** (Plan S. 2/3, C4/5), das ebenfalls durch Grabungen in seiner baulichen Entwicklung und in seiner Gestaltung untersucht werden konnte. Das Areal des Forums umfaßte nach seiner Erweiterung im Laufe des 2. Jh.s neben der Marktbasilika, der Curia und den von Portiken gesäumten Höfen auch Läden und unterirdische Stapelkeller. Die Gesamtfläche der Forumsanlage betrug ca. 39 000 qm (140 × 278 m) und bedeckte drei Häuserinseln.

Die westliche Begrenzung des Forums wird heute etwa durch die von Nord nach Süd verlaufende Hindenburgstraße bezeichnet, die zur Kaiserstraße/Südallee führt. Während das Forum den Mittelpunkt der antiken Stadt mit dem Kreuzungspunkt der beiden Hauptachsen (dem Cardo maximus und dem Decumanus maximus) bildete, endete hier bereits mit der südlichen Stadtmauer im Alleenring das mittelalterliche Trier. Von der mittelalterlichen Stadtmauer ist in der Allee noch eine Bastion, der sogenannte *Rote Turm*, erhalten.

In der Ecke Kaiserstraße/Hindenburgstraße steht die 1956/57 errichtete *Synagoge.* Die alte, 1859 errichtete Synagoge im Bereich der Zuckerbergstraße/Metzelstraße war in der 'Reichskristallnacht' am 9./10. November 1938 zerstört worden. Ein wenig weiter ostwärts befindet sich in der Kaiserstraße das im Stil der Neorenaissance von dem Architekten Ernst Brandt im Jahre 1905 errichtete *Handelskammergebäude* mit reich dekorierter Fassade und schöner Ausstattung im Innern.

Die nächste Straßenkreuzung weiter ostwärts ist die Neustraße, die zusammen mit ihrer südlichen Verlängerung, der Saarstraße, wiederum den alten Cardo maximus angibt. Hier stand einst im Bereich der Allee das mittelalterliche Neutor. Die *Neustraße,* die wieder zum Hauptmarkt zurückführt, hat im wesentlichen noch ihren mittelalterlichen Charakter trotz der Kriegszerstörungen beibehalten. Einige mittelalterliche Häuser sind noch erhalten, so das 1596 erbaute Haus *Neustraße 42* mit seiner breiten Giebelfassade und den maßwerkgeschmückten Fensterstürzen.

1944 zerstörten Bomben den an der Ecke Germanstraße/Neustraße stehenden *Klosterkomplex (St. Gervasius),* der schon seit dem 13. Jh. belegt ist, nachdem Erzbischof Heinrich II. von Finstingen (1260–86) das im Süden außerhalb der Stadt liegende Kloster St. German ad undas in die Stadt verlegte. Nach wechselvoller Geschichte erhielten diesen Komplex 1570 Franziskaner-Minoriten, die in den Jahren 1738–65 ein neues Klostergebäude und 1765–68 eine neue Kirche errichteten. 1794 mußten die Minoriten Trier verlassen; 1802 wurde das Patrozinium der abgebrochenen Pfarrkirche St. Gervasius/Protasius (ehemals im Bereich der Kaiserthermen gelegen) auf die Germankirche übertragen, die von nun an bis zu ihrer Zerstörung im 2. Weltkrieg Pfarrkirche war. 1970/71 wurden beim Neubau des *Angela-Merici-Gymnasiums* das Untergeschoß der Fassade des Klostergebäudes wieder aufgebaut und die barocken Erdgeschoßarkaden des ehemaligen Kreuzganges in die Aula integriert. Vom einschiffigen Kirchengebäude wurde, nicht zuletzt aus städtebaulichen Gründen, nur die Eingangsfassade neu aufgebaut und dem Schulgebäude vorgeblendet. Vier Pilaster mit Rustikaquaderung bestimmen die hoch aufragende Kirchenfassade mit dem kräftig vorkragenden Gesims und dem darauf sitzenden geschweiften Giebel.

Beachtenswert ist das kleine, um 1810 entstandene klassizistische Haus *Neustraße 20,* dessen Fassade sich durch ihre Pilastergliederung mit Mittelgiebel und Vasenbekrönung auszeichnet. Große Fenster sind in die Wandflächen und in das Mansarddach eingesetzt. Das Haus *Neustraße Nr. 38* war seit 1816 das Elternhaus der Jenny von Westfalen, der Ehefrau von Karl Marx.

An der Einmündung der Neustraße in die Brotstraße entstand in den Jahren 1912–13 eine bemerkenswerte **Kaufhausfassade** (heute Kaufhaus Sinn, früher Textilhaus Insel, davor Warenhaus Hermann Haas). Die Erbauer hatten nach ihren Worten 'besonderen Wert darauf gelegt, ein nicht nur praktisches, sondern auch vom ästhetischen Standpunkt schönes Gebäude zu errichten'. Auf dem Eckgrundstück schuf der Architekt ein vierstöckiges Gebäude in einer Art Gliederbauweise mit großen Fensterflächen. Einer Kolossalordnung gleich greifen pilasterähnliche Pfeiler in nahezu regelmäßigem Jochabstand über die gesamte Fassade, die nach oben durch ein weit vorspringendes Dachgesims abgeschlossen wird; zugleich betonen sie die vertikale Gliederung. Zwischen die Vertikalstreben sind arkadenähnliche Wandscheiben und unterschiedlich ornamentierte Bänder gesetzt, die für eine interessante Fassade sorgen. 1991/92 wurde das Haus entkernt, die Fassade restauriert; das Innere wurde neu gestaltet und durch einen Anbau nach Süden hin erweitert.

Davor befindet sich Ecke Fahrstraße/Nagelstraße ein als Eichenbaum gestalteter *Handwerkerbrunnen* aus Messing (Kl. Apel u.a., 1984). Die im Kammerbezirk tätigen 42 Innungen sind zum Teil in ihren Zunftzeichen, zum anderen Teil figürlich bei der Ausübung ihrer Tätigkeit dargestellt. Am unteren Rand ist der alte Handwerkerspruch angebracht: Lehrling ist jedermann – Geselle ist, wer was kann – Meister ist, der was ersann. Den Brunnen stiftete das Trierer Handwerk zum 2000-jährigen Bestehen der Stadt.

Die erste Abzweigung in der nun folgenden Brotstraße führt zur ***Jesuitenkirche** (Dreifaltigkeitskirche) mit dem anschließenden ehemaligen Jesuitenkolleg, heute Bischöfliches Priesterseminar und Theologische Fakultät (Plan S. 2/3, D4). Die Anfänge der Jesuitenkirche gehen auf die Franziskaner zurück, die zwischen 1228 und 1238 in Trier eine Niederlassung gründeten. Als Erzbischof Jakob von Eltz (1567–1581) im Jahre 1560 die Jesuiten nach Trier gerufen hatte, übergab er ihnen Kirche und Klostergebäude der Franziskaner-Minoriten, die in das Germankloster in der Neustraße umzogen. Nach der Aufhebung des Jesuitenordens (1773) überwies Kurfürst Clemens Wenzeslaus im Jahr 1779 die Dreifaltigkeitskirche dem Priesterseminar. Die französischen Revolutionstruppen beschlagnahmten sie und machten die Kirche zum 'Dekadentempel'. Unter Bischof Charles Mannay wurde das Kirchengebäude 1803 wieder dem Priesterseminar übergeben. Von 1819 bis 1856 war sie evangelische Pfarrkirche; seit 1857 ist sie wieder Seminarkirche. Die Zerstörungen des 2. Weltkrieges betrafen den nordöstlichen Seitenchor, die Dächer und die Glasfenster. Seit 1991 wird eine umfassende Außen- und Innenrenovierung durchgeführt. Archäologische Untersuchungen im Innenraum erbrachten neue Erkenntnisse zur Baugeschichte.

Die ältesten Bauteile der Dreifaltigkeitskirche sind der Chor mit seinen Strebepfeilern und die anschließenden 4 Chorjoche; beide Bauteile dürften um 1240 entstanden sein. Zur ersten Bauphase gehörte auch das ursprünglich nur einschiffige Langhaus. Erst später (letztes Drittel 13./Anfang 14. Jh.) wurden das nördliche Seitenschiff, neue Mittelschiffpfeiler und die Gewölbe errichtet. Das südliche Seitenschiff wurde erst in den Jahren 1739–42 erbaut, wobei man sich den gotischen Formen anpaßte. Die Gewölberippen und Konsolen sind jedoch im Gegensatz zu den mittelalterlichen Teilen aus Stuck gearbeitet. Auch die beiden platt geschlossenen, doppelgeschossigen Nebenchöre wurden erst in den Jahren 1740–43 hinzugefügt. Das Maßwerk der Chorfenster ist 1857 erneuert worden und gibt wohl nicht die ursprüngliche Form wieder. Über dem nördlichen Seitenchor, dessen Obergeschoß nach den Kriegszerstörungen 1944 nicht wieder aufgebaut wurde, sind in der Außenmauer drei dreiteilige, frühgotische gestufte Lanzettfenster sichtbar, die einst die Chorjoche beleuchteten.

Die Westfassade als Haupteingang besitzt ein prachtvolles *Portal* (15. Jh.) mit einem krabbenverzierten Wimperg (Ziergiebel), flankiert von zwei übereck gestellten Fialen (Spitztürmchen). Über dem Portal befindet sich ein großes Maßwerkfenster (Maßwerk 1857 erneuert).

Inneres. Von dem ehemals reichen Figurenschmuck sind nur noch in der Archivolte die *Sitzfiguren der 12 Apostel* mit der Halbfigur Christi im Scheitel erhalten. Das Innere des *Langhauses* ist nach der Vollendung des 18. Jh.s mit den gleichhohen Gewölben in den drei Schiffen zu einer Hallenkirche geworden. Die Wände der Chorjoche sind zu den barocken Nebenchören durch Arkaden geöffnet, über denen Emporenöffnungen sitzen. An plastischem Schmuck zeigen die Gewölbe schöne Schlußsteine und Konsolen. Im Chor ist seit 1976 der *Marienvotivaltar* vom Vorplatz aufgestellt. Von besonderer Bedeutung ist das *Epitaph der Elisabeth von Görlitz,* Herzogin von Bayern und Luxemburg (†1451), im südlichen Seitenschiff. Im quadratischen Bildfeld hält ein gefiederter Engel den Wappenschild der Verstorbenen. Im unteren Teil ist das von Engeln gehaltene gewundene Inschriftband dargestellt. Die vorzügliche Arbeit steht wohl in der Nachfolge des Nikolaus Gerhaert von Leyden.

Vor dem südlichen Nebenchor befindet sich das *Grabmal* des 1635 in Trier gestorbenen Jesuitenpaters Friedrich Spee (1591–1635). Sein Grab fand er in der Gruft unter dem südlichen Nebenchor, in dem heute ein bildhauerisch gestalteter Oculus den Blick auf den Steinsarkophag gewährt. Die Inschrift "O Gott, ich sing von Herzen und an den unermüdlichen Kämpfer gegen den Hexenwahn, der 1631 die 'Cautio criminalis' als Anklage gegen die grausamen Hexenprozesse geschrieben hatte (s. S. 31).

An der Südseite der Kirche befinden sich die ehemaligen, um zwei Höfe angeordneten **Kolleggebäude,** deren ältere Teile zwischen 1610–1614 errichtet wurden. Der westliche, zur Straße hin offene Hof zeigt noch den älteren Baubestand mit zwei Treppentürmen in den Ecken und einem Giebelaufsatz mit dem Wappen des Jesuitenkollegs auf dem Südflügel, in dem heute das Bistumsarchiv untergebracht ist.

In der Mitte des Platzes befindet sich der 1727 errichtete **Marienvotivaltar** (Kopie; Original aus konservatorischen Gründen in der Jesuitenkirche aufgestellt) der marianischen Kongregationen der Stadt. Durch das große Portal im Hauptgebäude gelangt man in den 'Quadrathof'. Der *Ostflügel* wurde 1773–75 nach Plänen des Architekten Johannes Seiz umgebaut und erhielt einen reich gegliederten Mittelrisalit mit prächtigem Balkon, Pilastern und Wappengiebel. Im ersten Geschoß befindet sich die sogen. 'Promotionsaula', ein lichter Festsaal mit feinem Rokokostuck des Michael Eytel; an der Südwand ist das Bild des letzten Trierer Kurfürsten, Clemens Wenzeslaus (1768–94), angebracht, der den Gebäudekomplex hat bauen lassen. Im nördlichen Teil des Saales ist eine Empore mit schönen schmiedeeisernen Geländern eingerichtet, die wie die Aula selbst bei der letzten Renovierung um zwei Fensterachsen verlängert worden ist.

Im *Westflügel* der Kolleggebäude (Eingangsflügel) liegt im Erdgeschoß der um 1615 eingerichtete Bibliothekssaal mit einer reichen Stuckdecke, die von auf Postamenten ruhenden ionischen Säulen getragen wird. 1733 ist der Stuck verändert worden.

Die *Bibliothek des Bischöflichen Priesterseminars* ist eine umfangreiche Spezialbibliothek der theologischen und philosophischen Wissenschaften mit einer großen Abteilung über die trierische Kirchen- und Heimatgeschichte (235 000 Bände). Daneben besitzt die Bibliothek 250 Handschriften und ca. 70 Wiegendrucke. (Öffnungszeiten s. S. 8).

Vom 'Quadrathof' aus ist auch der Zugang in die **Friedrich Spee-Gruft** unter dem südlichen Nebenchor der Jesuitenkirche möglich. In der wieder freigelegten Gruft wurde 1980 das für verschollen gehaltene Grab des Friedrich Spee wiedergefunden. Heute ist die Gruft wieder zu einer würdigen Grabstätte hergerichtet. Die Gebeine wurden in einem römischen Sandsteinsarkophag vom Gräberfeld St. Maximin beigesetzt. Auf dem Sarkophag steht die Inschrift P. FRE. SPE A 1635.

Nahe beim Hauptmarkt mündet die Brotstraße in die *Grabenstraße*. Hier wurde vor einigen Jahren der für die mittelalterliche Stadt überlieferte *Pranger* wieder aufgestellt, ein auf einem Quader stehender Holzpfahl mit Eisenketten und Fesseln, bekrönt vom Wappen der Stadt. Diebe und andere Übeltäter wurden hier 'an den Pranger gestellt'.

An der Ostwand der *Gangolfskirche* ist noch das einst hier befindliche große Maßwerkfenster in Resten erkennbar (s.S. 43). Inmitten des vermauerten Fensterfeldes ist eine gotische Kreuzigungsgruppe angebracht (14. Jh.), die 1981 neu gefaßt wurde. Unterhalb befinden sich an der Kirchenwand kleine Verkaufsläden, die sog. *Gädemscher*, die schon in mittelalterlicher Zeit bestanden. Sie gehörten Anfang des 19. Jh.s zum Grundbesitz der Stiftung der Vereinigten Hospitien. Heute werden sie von der Stadt verpachtet.

In der von der Grabenstraße zur Basilika und zum Kurfürstlichen Palais führenden Palaststraße steht auf der rechten Straßenseite (Palaststraße 22) noch das alte *Schreinerzunfthaus* (15. Jh.), das einzige der mittelalterlichen Zunfthäuser, das die Zerstörungen des Zweiten Weltkrieges überdauert hat. Das Erdgeschoß ist im 19. Jh. verändert worden, während die oberen Stockwerke noch die originalen Fenster mit dreieckigem Sturz bewahren. Vom Außenkamin mit der gotischen Konsole fehlt lediglich die Bekrönung. Eine behutsame Außen- und Innenrenovierung erfuhr das Haus in den Jahren 1991/92. Ein paar Schritte weiter wurden in denkmalpflegerisch fragwürdiger Weise 1982/83 im Zuge eines Kaufhausneubaues mehrere historische Häuserfassaden wiederaufgebaut, um auf diese Weise wenigstens die Maßstäblichkeit des Straßenbildes zu wahren, so z. B. die Fassade des *Isenberg-Hauses* aus der Weberbach Straße (heute Palaststraße Nr. 20). Schräg gegenüber, *Palaststraße 19*, befindet sich ein kleines zweigeschossiges Barockhaus (Türsturz datiert 1736), das 1982 neu aufgebaut wurde.

Klaus

Wagner

Urlaub 1996

Stadtbesichtigung 4:

Die Domstadt

Helenenmauer – Domfreihof – alte Dompropstei – Bering des Fetzenreiches – Welschnonnenkirche – Dom – Domkreuzgang – Domschatz – Liebfrauenkirche – Bischofshof – Palais Kesselstatt – Dom- und Diözesanmuseum

Die **Domstadt** (Plan S. 2/3, D3/4) inmitten der Altstadt ist als ein eigenes Viertel mit noch mittelalterlichem Gepräge erhalten und besitzt deswegen eine besondere Bedeutung. Der leicht ovale Bering zeichnet sich auch noch im heutigen Straßenbild ab. An der Westseite begrenzen Hauptmarkt und ein Stück der Simeonstraße das Domviertel. Die Glockenstraße, Sichelstraße und die bogenförmig verlaufende Flanderstraße bilden die Nordgrenze, während im Osten die Dominikanerstraße sowie die Große und Kleine Eulenpfütz den Dombering umfassen. Im Süden bezeichnen die Mustorstraße und die Meerkatz die Grenze, wobei später die römische Basilika als 'Palatium' und Sitz des Erzbischofs an die Domstadt angebunden wurde. Die bogenförmige Palaststraße und die Grabenstraße schließen den Ring zum Hauptmarkt. Für die kommenden Jahre plant die Stadt Trier die denkmalpflegerische Sanierung des Dombereichs.

Von einer Befestigung der Domstadt und einer festen Umgrenzung der Domimmunität mit eigenem Gerichtsbezirk berichten die trierischen Geschichtsquellen des 10. Jh.s. Um 1000 ließ Erzbischof Ludolf die Domstadt mit einer Mauer umgeben, die **'Helenenmauer'** genannt wird und an manchen Stellen in ihrem Mauerwerk nachgewiesen werden konnte; an anderen Stellen ist ihr genauer Verlauf heute noch unklar. In der Mauer gab es mehrere Zugänge zur Domstadt; vom Markt geht man durch die *Sternstraße* direkt auf die Domfassade zu. Nach Norden führt die kleine Gasse *Sieh um Dich*, nach Osten die *Windstraße* und die *Predigerstraße*. An die Mauer angelehnt waren mehrere befestigte Wohntürme von der Art des 'Frankenturmes'. Erhalten blieben der sogen. *'Regierungsturm'* (zugänglich vom Domfreihof aus im Bereich der 'Alten Regierung') und ein romanischer Turm im sogen. *Leyenschen Hof* hinter dem Dom (heute Bereich des Bischöfl. Konviktes). Die 'Helenenmauer' ersetzte sicherlich bereits eine ältere Befestigungsanlage (Wall und Graben), die spätestens nach dem Normannenüberfall im Jahre 882 angelegt worden sein dürfte. Im Laufe der Zeit wurden von außen an die 'Helenenmauer' Bürgerhäuser angebaut, die den ehemaligen Graben überdeckten, so daß die 'Helenenmauer' oftmals zur Rückfront dieser Häuser wurde.

Am Eingang der Sternstraße ist zunächst an der Ecke die Muttergottesfigur aus dem 14. Jh. (Kopie; Original im Städt. Museum) zu erwähnen. Im weiteren Verlauf der Straße ist der Rest eines ursprünglich wohl dreigiebeligen gotischen *Fachwerkhauses* (Sternstraße 3) von 1475 zu nennen, das 1967 freigelegt wurde und heute als eines der ältesten Trierer Fachwerkhäu-

ser gilt. Gegenüber dem Untergeschoß springen die Obergeschosse mit enger Fensterreihung leicht vor.
An der *Straßenecke zum Domfreihof* befindet sich ein Neubau mit moderner Fassadenmalerei. Dargestellt ist eine Karfreitagsprozession der Trierer Bürger im Kostüm biblischer und historischer Gestalten. Umzüge dieser Art sind in Trier noch für das 18. Jh. zu belegen, ehe sie vom letzten Kurfürsten Clemens Wenzeslaus verboten wurden.

Zu den malerischen Plätzen der Stadt zählt auch der platanenbestandene **Domfreihof**, dessen Name an die einstige Domimmunität mit eigener Gerichtsbarkeit im Bereich der Domstadt erinnert. Nicht nur der Domfreihof, sondern auch die engen Gassen der Domstadt mit den von hohen Mauern umschlossenen Kurien haben den besonderen Charakter dieser 'Stadt in der Stadt' bewahrt. Die Geschlossenheit des historischen Baubestandes macht die Trierer Domstadt zu einem bedeutenden städtebaulichen Denkmal.

An der nordöstlichen Ecke Sternstraße/Domfreihof befindet sich die **alte Dompropstei**, zu der Kurfürst Johann Philipp von Walderdorff 1765 anstelle des abgebrochenen Rodenmacherhofes den Grundstein legte. Die dem Domfreihof zugewandte Hauptfassade erhielt 1877 einen Vorbau, der die ursprünglichen Proportionen des von dem Kurtrierischen Architekten Johannes Seiz entworfenen Baues stört. Die reichen Fensterumrahmungen mit ihren Rocaillekartuschen und die schmiedeeisernen Gitter geben dem Bau sein besonderes Gepräge. Nach dem Ende des Kurstaates wurde hier die Präfektur eingerichtet; später saß in dem nun '*Alte Regierung*' genannten Gebäude der Regierungspräsident. Heute sind hier die Volkshochschule und das Standesamt untergebracht.
Auch die nördlich anschließenden Gebäude gingen aus ehemaligen Domkurien hervor, die den Domfreihof umgaben. Zu erwähnen ist im Hof der 'Alten Regierung' ein weiterer Rest eines romanischen Wohnturms, der im Mittelalter 'Heidenturm', in jüngerer Zeit '*Regierungsturm*' genannt wird (wohl 11./12.Jh.); er ist vergleichbar mit dem sogen. 'Frankenturm' in der Dietrichstraße.
An der Nordseite des Domfreihofes ist das im Volksmund 'Geel Box' genannte klassizistische Torhaus der Philippskurie, das um 1779 errichtet wurde, besonders bemerkenswert.

In der Nordostecke des Domfreihofes liegt die *Sieh-um-Dich-Gasse,* die Verbindung des Domberinges mit dem nordöstlichen Stadtviertel, in welchem im Mittelalter flandrische Wollweber angesiedelt waren (vgl. Flanderstraße). Die am nördlichen Straßenende der Sieh-um-Dich-Gasse befindliche *Kurie 'Zur Eiche'* mit barockem Torbogen ist unmittelbar an die 'Helenenmauer' angelehnt, die hier mit einem Rundturm noch gut sichtbar ist. Im Mauerwerk sind als Spolien römische Inschriftsteine erhalten. Zum Kuriengebäude gehört auch die um 1200 errichtete einschiffige *Hauskapelle 'Zur Eiche'* mit schöner Lisenengliederung und eingezogenem Chorteil.

Gegenüber der Kurie liegt auf der anderen Straßenseite (Sichelstraße) der **Bering des 'Fetzenreiches'**, ursprünglich das Stadthaus eines reichen Bürgers namens Bonifatius. Die Abkürzung seines Namens ('Fetz') gab dem Anwesen seine heutige Bezeichnung. Ab dem 15. Jh. erwarb die Benediktinerabtei St. Maximin den Stadthof als Refugium und erweiterte ihn beträchtlich. Nach der Säkularisation gelangte der Baukomplex in verschiedene Hände. Das Haupthaus wurde 1882–85 unter Wahrung der mittelalterlichen Bausubstanz umgestaltet.
Der Bering, in dem heute u.a. ein Hotel- und Gaststättenbetrieb untergebracht ist, läßt noch deutlich die mittelalterliche Struktur erkennen. Bemerkenswert sind in einem Obergeschoßraum des Hotelbereiches die figürlich verzierten Fensterpfosten aus den 40er Jahren des 16. Jh.s.

Nördlich des 'Fetzenreiches' befindet sich in der Rindertanzstraße der *Mergener Hof,* ehemals das Refugium der Abtei St. Maria ad martyres (St. Mergen), heute ein Jugendzentrum. Der Torbau mit schönem Portal wurde 1622 errichtet.

Südöstlich des 'Fetzenreiches' liegt die **Welschnonnenkirche** mit dem anschließenden ehemaligen Klostergebäude der Welschen Nonnen (Augustiner-Schulschwestern), die 1641 nach Trier gekommen waren und sich der Mädchenerziehung widmeten. Als einzige klösterliche Gemeinschaft Triers blieben die Welschnonnen von der Säkularisation verschont und konnten ihren Schuldienst bis zum Kulturkampf (1875) ausüben. Heute ist in den im 18. Jh. errichteten Kloster- und Schulgebäuden ein staatliches Gymnasium untergebracht. Der einschiffige Kirchenbau mit doppelgeschossigem Dachreiter wurde in den Jahren 1716–18 errichtet. Vom Inventar sind der große barocke Hochaltar und die Stumm-Orgel auf der Nonnenempore besonders bemerkenswert.

Zurückgekehrt zum Domfreihof, liegt an der Ostseite des Platzes neben dem Dom die *ehemalige Kurie Zolvern,* heute Dompropstei. Dem Haupthaus ist ein Torhaus mit barockem Portal und Zwerchgiebel vorgesetzt. Kurfürst Carl Caspar von der Leyen ließ den Bau 1654 ausführen und sein Familienwappen in die Fensterstürze einarbeiten. Auch an der Südseite des Domfreihofes, gegenüber der Liebfrauenkirche, hat Carl Caspar von der Leyen im Jahre 1656 die dort stehende mittelalterliche *Kurie* modernisieren lassen.

Mittelpunkt der Domstadt ist die Kirchengruppe ****Dom** und **Liebfrauen.** (Plan S. 2/3, D3). Das enge Nebeneinanderstehen beider Kirchen erinnert noch heute an die antike Doppelkirchenanlage, die wohl die größte Kirche des 4. Jh.s nördlich der Alpen gewesen ist; sie bedeckte zwei Häuserinseln der römischen Stadt. Die trierische Tradition berichtet, Helena, Kaiser Konstantins Mutter, habe dem Bischof Agritius ihr Haus für eine Kirche geschenkt. Demgemäß wurde der Trierer Dom im Mittelalter 'domus beatae Helenae' (Haus der hl. Helena) genannt. Öffnungszeiten s. S. 13.

Baugeschichte. Jahrzehntelange archäologische und bauhistorische Forschungen haben mittlerweile die Baugeschichte von Dom und Liebfrauen deutlicher aufzeigen können. Der Ausgangspunkt der antiken Kirchenanlage scheint im südlichen Teil der westlichen Häuserinsel gelegen zu haben (heute im Bereich des Kuriengartens vor der Liebfrauenkirche), als dort in einem Wohnhaus, vielleicht noch im 3. Jh., ein Apsidenraum eingerichtet wurde, aus dem sich die nachfolgenden Bauten entwickelten. Zu Beginn des 4. Jh.s entsteht hier ein dreischiffiger Bau (Bau I) mit rechteckigem Chorraum und kleiner Apsis. In den späten 20er Jahren des 4. Jh.s, vielleicht sogar erst nach 330, ließ *Konstantin* östlich von Bau I einen zweiten dreischiffigen Bau mit Rechteckchor und Seitenkammern (Bau II) im Bereich der heutigen Liebfrauenkirche errichten, der mit Bau I verbunden war. Wohl gleichzeitig wurde an der Nordseite ein drittes Gebäude fertiggestellt (Nordkirche im Bereich des heutigen Domes), so daß nunmehr zwei langgestreckte dreischiffige Kirchenbauten parallel nebeneinander lagen. Zwischen beiden befanden sich ein 64 qm großes Baptisterium und andere verbindende Räume. Mit den jeweils vorgelagerten Atrien (offene, von gedeckten Umgängen gerahmte Höfe) und den Eingangshallen reichten beide Bauten bis zum heutigen Hauptmarkt. Im 'Römischen Weinkeller' des Weinlokals 'Domstein' ist ein Pfeiler aus dem Atriumsbereich der Nordkirche in situ erhalten und zu besichtigen.

In einer zweiten Bauphase wurde der Ostteil der Nordkirche (heutiger Dom) verändert. Zwölf Meter hohe Säulen mit mächtigen Marmorkapitellen wurden von den römischen Steinbrüchen des sogen. Felsenmeeres im Odenwald herbeigeschafft. (Ein Rest, der sogen. 'Domstein', liegt heute vor dem Westchor.) Der Sinn dieser Umgestaltung, bei der im Inneren des sogen. *'Quadratbaues'* ein kleiner zwölfeckiger, kapellenartiger Einbau entstand, ist unklar. Der Bau kam über Anfänge nicht hinaus und blieb längere Zeit eine Bauruine. Erst unter Kaiser Valentinian I. (364–375) wurde dieser 'Quadratbau' unter Verwendung von vier konstantinischen Säulen mit ihren Kapitellen errichtet. Selbst unter seinem Sohn Gratian (375–383) ist nach Ausweis der Münzfunde noch gebaut worden. Dieser Quadratbau mit ca. 40 Meter Seitenlänge bildet heute noch das Kernstück des Domes und bestimmte für die Zukunft seine Gestalt. In seinem Inneren standen die vier Granitsäulen an den Ecken eines quadratischen Stufenpodestes. Der kapellenartige Einbau wurde offenbar aufgegeben. Bemerkenswert ist die reiche Ausstattung des Quadratbaues. Die Annahme, daß hier die Tunika Christi, der *'Heilige Rock'*, aufbewahrt wurde, die nach trierischer Überlieferung von der Kaisermutter Helena in die Stadt gebracht worden sein soll, würde zwar viele Rätsel lösen, ist aber durch die archäologische Forschung nicht zu beweisen. Man hat so auch die Trierer Doppelkirche zu erklären versucht, wobei die Südkirche als Bischofskirche fungiert hätte, während die Nordkirche als Pilgerheiligtum zu bezeichnen wäre. Noch im Mittelalter trug die Liebfrauenkirche den Titel einer 'Haupt- und Mutterkirche und Lehrmeisterin aller Kirchen der Trierer Kirchenprovinz'. Sie unterstrich ihre ehemalige Funktion als Volks- und Taufkirche der antiken Stadt.

Die antiken Kirchenbauten blieben bis in die ersten Jahrzehnte des 5. Jh.s bestehen. Als Trier bei der Eroberung durch die Franken mehrmals zerstört worden war, geriet auch die antike Doppelkirche in Brand. In der Nordkirche stürzten die Granitsäulen und mit ihnen die gesamte Schwibbogenkonstruktion und das Dach ein, so daß nur noch die Außenmauern standen. Erst unter Bischof Nicetius (526/7–561) konnte der Dom wiederhergestellt werden. Dazu ließ Nicetius 'italische Bauleute' nach Trier kommen, um den Bau in antiker Technik wiederaufrichten zu können. Statt der zerborstenen Granitsäulen wurden an alter Stelle etwa gleichgroße Säulen eines römischen Tempels mit entsprechenden Kapitellen aufgestellt und die Bogenkonstruktionen mit antikem Material erneuert. Auch die ehemalige Innendekoration suchte man durch Putz und Malerei zu imitieren.

Eine neue Zerstörung brachten die Normannen in der Karwoche des Jahres 882. Erste Bemühungen um einen Wiederaufbau unternahm Erzbischof Egbert (977–983). Er ließ die von Nicetius erneuerten Säulen mit Mauerwerk 'ummanteln', so daß nunmehr kreuzförmige Pfeiler entstanden. An den beiden nördlichen Pfeilern des 'Quadratbaues' wurden diese Arbeiten nach datierten Bauhölzern in den Jahren 989/90 ausgeführt. Wie weit die Wiederherstellungsarbeiten unter Egbert gediehen, ist unbekannt.

Politische Umstände, nicht zuletzt die Trierer Bistumsfehde, verhinderten die Vollendung. Erst unter Erzbischof Poppo von Babenberg (1016–1047) konnte die Renovierung fortgeführt werden. Mit der Übertragung der Maternusreliquien wurde der wiederhergestellte Quadratbau im Jahre 1037 eingeweiht. Danach begann Erzbischof Poppo die westliche Hälfte mit dem mächtigen Westbau, den beiden Türmen und der Apsis. Beim Tode des Poppo – er hatte bei der Besichtigung der Bauarbeiten einen Hitzschlag erlitten – war die Westfassade bis in die Höhe der seitlichen Treppentürme hochgeführt. Erst seine beiden Nachfolger Eberhard (1047–1066) und Udo (1066–1078) konnten den Westbau vollenden.

Der Bau des *Ostchores*, bei dem man im Mittelschiff die römische Ostwand aufbrach, wurde unter Erzbischof Hillin (1152–69) begonnen; die Weihe des neuen Altares ist für den 1. Mai 1196 überliefert. Seither wird das Domweihfest am 1. Mai begangen. Als Folge des gewölbten Ostchores mit seinem Chorjoch begann man in den ersten Jahrzehnten des 13. Jh.s mit der Einwölbung des Mittelschiffes und der beiden Seitenschiffe, die über ihrem Gewölbe eine Emporenzone erhielten. Im 13. Jh. entstand auch der Dom und Liebfrauenkirche verbindende *Kreuzgang*. Die *Osttürme* des Domes erhielten unter Erzbischof Balduin von Luxemburg (1307–1354) ihre oberen Stockwerke, während der *Südwestturm* erst um 1515 unter Richard von Greiffenklau (1511–1531) aufgestockt wurde, um den kurz zuvor erhöhten Gangolfsturm der Bürgerkirche wieder zu übertreffen.

Unter Johann Hugo von Orsbeck (1676–1711) faßte man den Plan zum Bau einer *Heiltumskammer* zur Aufbewahrung des Hl. Rockes. Die Kapelle selbst wurde an den Ostchor angesetzt; der Grundstein zu diesem Bau ist 1702 gelegt worden.
Größere Baumaßnahmen wurden nötig, als das gesamte Dach des Domes 1717 abgebrannt war. Die Wiederherstellungsarbeiten, die auch die Schaffung eines Querschiffes beinhalteten, wurden 1719 begonnen und 1723 vollendet.

Nachdem die französischen Revolutionstruppen Trier besetzt hatten, benutzten sie den Dom einige Zeit als Magazin und Pferdestall. Eine umfassende Renovierung wurde in der Mitte des 19. Jh.s vorgenommen, wobei der Domkapitular Johann Nikolaus v. Wilmowsky auch eine erste gründliche Bauaufnahme und archäologische Untersuchungen durchführte. In einer zweiten Restaurierungsphase (1884–1910) suchte man den mittelalterlichen Charakter des Domes wiederherzustellen. Aufgrund gravierender statischer Schäden wurde in den Jahren 1960–1974 die bislang letzte Restaurierung des Domes durchgeführt, die nicht nur die Wiederherstellung der Standsicherheit zum Ziele hatte, sondern auch eine den neuen liturgischen Gegebenheiten entsprechende Neugestaltung des Kircheninnern beinhaltete. Das umfangreiche Restaurierungsprogramm an den Altären und Denkmälern des Domes war im wesentlichen erst 1975 abgeschlossen.

Baubeschreibung

Die *Westfassade* des Trierer Domes zählt zu den Höhepunkten salischer Baukunst. Die beiden ehemals gleichhohen Türme flankieren die mächtig sich vorwölbende Apsis; an den beiden Ecken sitzen runde Treppentürme. Beiderseits der Apsis befinden sich in großen Rundbogennischen die fast unscheinbar wirkenden, schlichten Portale. Zwei übereinanderliegende Galerien oberhalb der Portalnischen lockern die Schwere der Wand auf, so daß die massigen Türme die fein gegliederten Wandflächen nicht beeinträchtigen.
Nicht nur die Breite der Fassade ist vom römischen Bau vorgegeben, sondern auch ihre Grundrißdisposition mit Apsis und äußeren Treppentürmen ist möglicherweise von der Caldariumsfassade der Kaiserthermen beeinflußt. Auch die Gestalt der gliedernden flachen Wandpilaster hat ihr Vorbild in den Pilastern der Porta Nigra. Putzreste in den Fensternischen der Apsis erinnern daran, daß das Bruchsteinmauerwerk ursprünglich verputzt war und die Fassade farbig zu denken ist (vgl. dazu die wiederhergestellte Farbfassung der Hl. Kreuz-Kapelle). Erst die Farbfassung hat wohl die ganze Pracht der Eingangsfassade zur Wirkung kommen lassen.
Die verwickelte Baugeschichte tritt dem Betrachter der *Nordfassade* von der Windstraße aus deutlich vor Augen. Unverkennbar ist der römische ‘Quadratbau’ mit seinem Mischmauerwerk. Im unteren Teil wechseln Kalkstein- und im oberen Teil Sandsteinlagen mit Ziegelbändern ab. Im Domgraben sind noch die ursprünglichen Eingangstüren und vermauerte Wandnischen eines Annexraumes erkennbar. Bei der Anlage der barocken

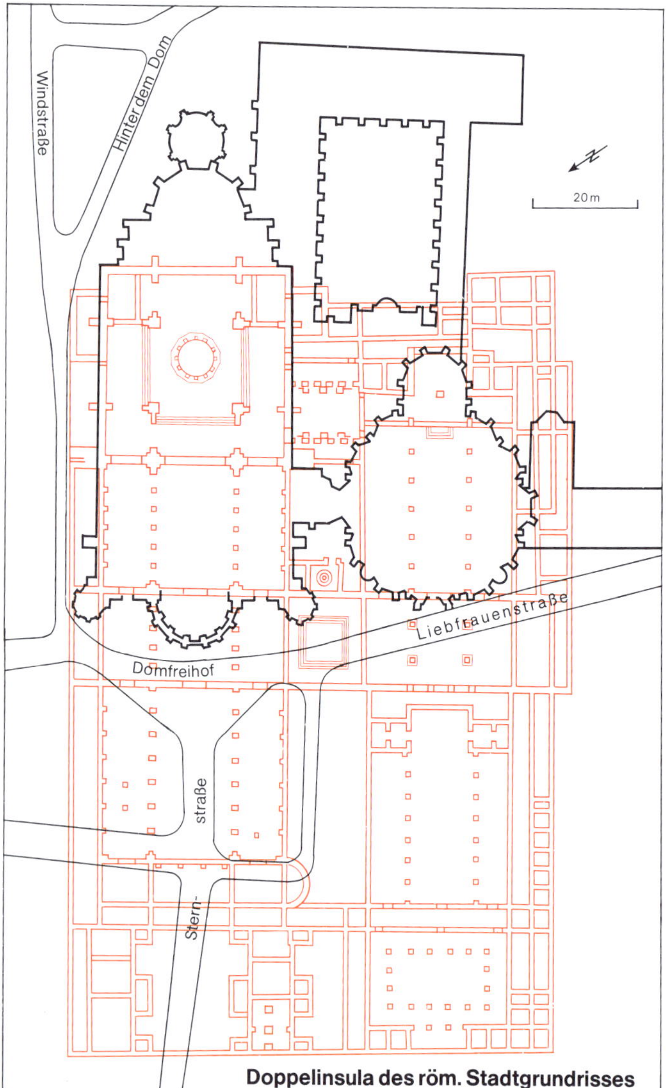

Doppelinsula des röm. Stadtgrundrisses mit den frühchristlichen Kultanlagen
(teilweise rekonstruiert)

Dom und Liebfrauenkirche

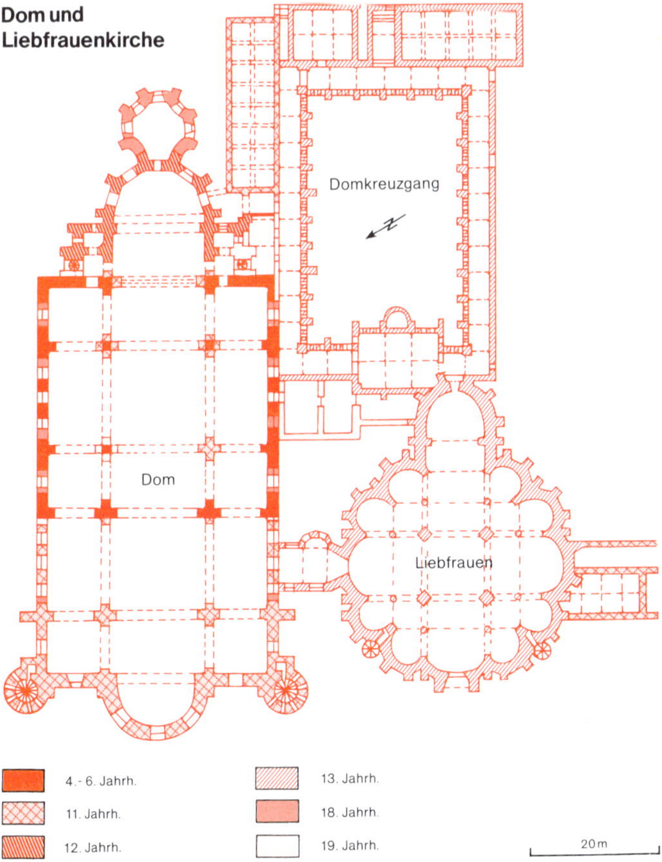

Fenster hat man sich mit der Dreiergruppe und den beiden Einzelfenstern in den äußeren Jochen streng an die vorgegebene römische Ordnung gehalten. Das in gleicher Weise gegliederte obere Geschoß des 'Quadratbaues' ist erst nach 1717 abgebrochen worden, so daß das Horizontalgesims des barocken Querschiffgiebels in etwa die ursprüngliche Höhe des 'Quadratbaues' angibt. (Bemerkenswert ist das 'Schiefstehen' der römischen Wand).

Der popponische Westteil setzt die Fenstergliederung mit einer Dreiergruppe folgerichtig fort. Nach dem Abbruch des oberen

Stockwerkes hat der barocke Baumeister Judas über den Seitenschiffsgewölben die Fenster als Lichtwände errichtet (seit der letzten Renovierung leicht verändert) und näher an das Mittelschiff gerückt, um mehr Licht unter dem Hauptgewölbe zu erhalten. Die Dachneigungen sind mit den Giebeln bei der letzten Renovierung wieder in einer steileren (gotischen) Form erneuert worden.

Der unter Hillin begonnene polygonale *Ostchor* ist mit dem Untergeschoß der beiden Osttürme ein Hauptwerk der frühstaufischen Architektur und gilt als ein Beispiel der sogen. lothringisch-trierischen Bautengruppe. Er wurde durch den Chorbau der Kathedrale von Verdun maßgeblich beeinflußt. Die reiche architektonische Gliederung zeigt im Vergleich zur Westfassade eindrucksvoll den spätromanischen Stil. Die gotischen Osttürme des frühen 14. Jh.s hatten nach 1717 barocke Hauben erhalten, die bei der Renovierung um 1900 durch neugotische Dächer ersetzt wurden.

Reizvoll ist die nach einem Plan des Bildhauers und Architekten Johann Wolfgang Fröhlicher von dem Trierer Hofbaumeister Honorius Ravensteyn in den Jahren 1702–1708 errichtete *Heiltumskammer* zur Aufbewahrung des Hl. Rockes (heute *Heilig-Rock-Kapelle* genannt). Der Zentralbau erfuhr durch seine konkaven und konvexen, durch Pilaster voneinander getrennten Wandteile eine besondere Lebendigkeit, die sich auch in der eigenwillig geformten Dachhaube ausdrückt. Die Hl.-Rock-Kapelle erscheint als ein kostbares, überdimensionales Reliquiar für die Heiltümer der Domkirche.

Inneres

Die beiden Hauptportale führen den Eintretenden zunächst in die Seitenschiffe des Dominnern, die noch heute im Osten mit der antiken Ostwand des ‘Quadratbaues’ enden. Auffallend ist die lichte Weite des Dominnern, die im Mittelschiff noch deutlicher empfunden wird, und die durch den antiken Bau vorgegeben war. Den mächtigen Kreuzpfeilern des Mittelschiffes, die meist auf einfachem Quadersockel aufsitzen, entsprechen an den Außenwänden ungegliederte Wandpfeiler. Bemerkenswert sind die unterschiedlichen Jochabstände der Kreuzpfeiler, die ebenfalls vom antiken ‘Quadratbau’ vorgeprägt sind. Die dünne Putzschlämme der letzten Renovierung (1974) läßt aufgrund des Ziegelmauerwerks noch deutlich am Kanzelpfeiler und seinem Gegenüber die ehemalige Westwand des antiken Quadratbaues erkennen. Die Vierungspfeiler bezeichnen ein großes Mittelquadrat mit dem modernen Altarpodium. Quer- und längsrechteckige Raumteile und vier kleine Eckquadrate füllen den Vierstützenraum des antiken 'Quadratbaues'. Die durch Nicetius ersetzten antiken Säulen stecken noch in drei der Vierungspfeiler; in dem nordwestlichen, unter Erzbischof Egbert angelegten Vierungspfeiler ist in der nordöstlichen Ecke im Mauerwerk eine Öffnung belassen, in der das im 6. Jh. wiederverwendete römische Kapitell sichtbar ist (vom nördlichen Querschiff aus zu sehen). Deutlich ist erkennbar, auf welche Weise im 10. Jh. die Säulen mit Mauerwerk 'ummantelt' und zu Kreuzpfeilern umgestaltet wurden. Die Raumgliederung blieb dabei jedoch erhalten.

Von der Ostwand bis zum ersten Stützenpaar ergibt sich in der Längsachse des Raumes ein Kurzjoch, dem ein Langjoch folgt. Daran schließt sich bis zur antiken Westwand wiederum ein Kurzjoch an. Die westliche Erweiterung unter Erzbischof Poppo nahm im 11. Jh. diese Gliederung auf, fügte folgerichtig ein Langjoch und ein weiteres Kurzjoch hinzu, so daß der für das 11. Jh. einzigartige Jochwechsel – kurz-lang-kurz-lang-kurz – entstand. Mit der geraden Ostwand und der Westapsis war nun ein einheitlicher Raum entstanden. Vor der Ostwand war im Mittelschiff eine Krypta angelegt worden, die ursprünglich vierschiffig werden sollte, dann aber doch nur dreischiffig ausgeführt wurde, wobei das überbreite Mittelschiff auf gedrungenen Pfeilern ein korbbogenähnliches Gewölbe erhielt. Die heutigen Gewölbe der sogen. 'Mittelkrypta' (von der Ostkrypta aus zugänglich) wurden 1899 rekonstruiert; die frühromanische Krypta war in späterer Zeit zugeschüttet worden und wurde erst im 19. Jh. wieder freigelegt. Die romanische Krypta unter dem Westchor (zu beiden Seiten über kleine Treppen erreichbar) ist vor 1121 eingebaut worden.

Der Bau des Ostchores gegen Ende des 12. Jh.s verlangte im Mittelschiff die Öffnung der römischen Ostwand. Der Ostchor besteht aus einem querrechteckigen Chorjoch und der polygonalen Apsis mit großen Fenstern und reicher Architekturgliederung. Ein Triumphbogen in der ehemaligen Ostwand trennt Kapitelchor und Hochchor. Rechts und links des Hochchores öffnen sich in 3 Stockwerken kapellenartige Räume, die zugleich die Untergeschosse der flankierenden Osttürme bilden. Chorjoch und Apsis sind mit einem reichen Gewölbe versehen, dem in den ersten Jahrzehnten des 13. Jh.s die Einwölbung des übrigen, bis dahin im wesentlichen holzgedeckten Domes folgte. Die frühgotische Einwölbung des Mittelschiffes und der Seitenschiffe behielt den vorgegebenen Jochwechsel bei, so daß als Scheidbogen einmal halbrunde Bögen und Spitzbögen nötig waren. Auf diese Weise entstand nun ein dreischiffiger, basilikaler Kirchenraum mit hohem Mittelschiff und zwei bis zur Ostwand gleichmäßig durchlaufenden Seitenschiffen. Über den tiefer liegenden Seitenschiffgewölben entstanden Emporen, die sich zum Mittelschiff in Dreier- oder Zweierarkaden öffnen. Bemerkenswert ist, daß die Gewölbedienste nicht bis zum Boden durchgeführt sind, sondern in der Wand auf Konsolen enden; dadurch entsteht der Eindruck, als seien die Gewölbe in den Raum eingehängt. Bei der Einrichtung eines Querschiffes (nach 1717) wurden im östlichen Langjoch die Seitenschiffsgewölbe mitsamt der Hochschiffswand und den Emporenöffnungen herausgebrochen, zwei neue Scheidbogen und neue hochliegende Gewölbe in gotischer (!) Form in Höhe des Mittelschiffgewölbes eingebaut. Durch diesen Umbau wurde dem römischen Quadratbau in gewisser Weise der ursprüngliche Raumcharakter wiedergegeben, und das Vierungsquadrat gewann dadurch seine alte Bedeutung als Raummitte zurück. Dies wird vor allem nach der letzten Renovierung durch die Anlage einer neuen Altarinsel deutlich.

Inventar. Anläßlich der letzten Renovierung wurden auch die Ausstattungsstücke des Trierer Domes einer gründlichen Restaurierung unterzogen. Dies gilt auch für den großen retabelähnlichen *Aufbau* im Ostchor (1). Zu ihm gehören auch die beiden seitlichen Treppen mit der auf Stützen ruhenden Tribüne. Zwei qualitätsvolle *Statuen* Kaiser Konstantins und seiner Mutter Helena aus der Werkstatt des Bildhauers J.W. Fröhlicher stehen an den beiden Treppenaufgängen. Dort, wo man sonst im Altaraufbau das Altarbild oder die Figurennische mit dem Titelheiligen zu finden gewohnt ist, befindet sich eine wolkenumsäumte Öffnung, die einen Blick in die hinter dem Ostchor errichtete *Heiltumskammer* (2) gewährt. Im Jahr 1687 erhielt der Bildhauer und Architekt Johann Wolfgang Fröhlicher den Auftrag, das 'Vordertheyl' der Heiltumskammer anzufertigen. Die Heiltumskammer selbst wurde erst nach dem Tode Fröhlichers (1700) vollendet. Die Stukkaturen (1709/10) stammen von dem Mainzer Stukkateur Sebastian Beschauff. Den *Altar* der Heiltumskammer entwarf der schlesische Architekt und Pozzo-Schüler Christoph Tausch als Rahmen für das kostbare, von Franz Thaddäus Lang im Jahr 1732 in Augsburg gefertigte Silberreliquiar, in welchem einst der Heilige Rock aufbewahrt wurde. Seit 1974 steht im Zentrum der Heiltumskammer ein mit kostbaren Steinen geschmückter Glasschrein, in dem die Holzlade mit dem Heiligen Rock aufbewahrt wird. Durch die Öffnung des Durchblickfensters ist aus der Mittelachse des Domes wieder ein Einblick in die Heilig-Rock-Kapelle möglich, wo über dem Glasschrein ein vergoldeter Kruzifixus (K. Balke, 1974) hängt.

Die wiederaufgebauten romanischen *Chorschranken* (3) mit ihren figürlichen Reliefplatten trennen seit 1974 den Hochchor vom Kapitelchor ab. Möglicherweise gehören sie zu einem unter Erzbischof Arnold (†1183) entstandenen Lettner und zeigen die 12 Apostel sowie den thronenden Christus und Maria. Die Reliefplatte mit der Darstellung des Johannes d. Täufers hat 1974 der Bildhauer J. Pechau ergänzend hinzugefügt.

Den Kapitelchor rahmen die Seitenschranken der jüngeren romanischen *Lettneranlage (4)*, die nach der Vollendung des Ostchores (1196) angelegt worden war. Der westliche Abschluß des Lettners war schon bei der barocken Umgestaltung entfernt worden. Die neoromanischen Ergänzungen wurden bei der letzten Renovierung niedergelegt. Die Seitenschranken erhielten 1974 neue Abschlüsse. Das mit Intarsien geschmückte Chorgestühl wurde 1726 für die Mainzer Kartause angefertigt. Ein Teil der ehemals zugehörigen Dorsalien ist heute im Westchor als Wandverkleidung auf-

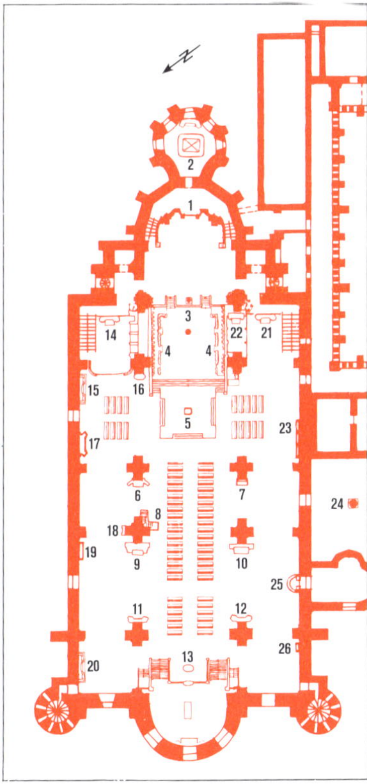

Trierer Dom und sein Inventar

1 Marmoraufbau im Ostchor mit seitlichen Treppenaufgängen und Bühne
2 Heiltumskammer mit dem Heilig-Rock-Schrein
3 Figürliche Chorschranken
4 Chorgestühl und romanische Seitenschranken
5 Hochaltar mit Stufenpodest
6 Schönborn-Grabaltar
7 Allerheiligenaltar
8 Kanzel
9 Kreuzaltar
10 Dreikönigen-Altar
11 Agnes-Altar
12 Katharina-Altar
13 Westchor mit Stukkaturen, den Resten des Grabaltares v. d. Leyen, der gotischen Grabtumba des Erzbischofs Balduin und Teilen des barocken Chorgestühls
14 Dreifaltigkeitsaltar mit Sakramentskapelle und goldenem Tor
15 Metzenhausen-Grabdenkmal
16 Walderdorff-Grabdenkmal
17 Schonenburg-Grabaltar
18 Greiffenklau-Grabaltar
19 Korum-Grabbogen
20 Soetern-Grabaltar
21 Johannes-Altar
22 Marienkapelle
23 Ivo-Grabbogen, Sakristeiportal und 3 romanische 'Grabbögen'
24 Rekonstruierte Domsäule
25 Tympanonportal
26 Albero-Bogen

gestellt. Nach der Aufhebung der Kartause (1781) erwarb das Trierer Domkapitel das Chorgestühl.

Die Neuanlage des *Altarpodiums* (5) 1974 durch die Bildhauer Th. Heiermann, E. Hillebrand und J. Pechau nimmt in verkleinerter Form die römische Stufenanlage wieder auf. Altar und Podest zeigen den Lebensbaum in Steinintarsien ((Präonyx) und feine Einritzungen biblischer Szenen. Die mythologischen Themen (Odysseus am Mastbaum seines Schiffes, Orpheus) symbolisieren nicht nur die außerbiblische Menschheit, sondern wurden schon von den altchristlichen Kirchenvätern auf Christus hin gedeutet.

Bei der jüngsten Renovierung blieben mit wenigen Ausnahmen alle Denkmäler an ihrem angestammten Platz; das gilt auch für fast alle Pfeileraltäre. An dem nordwestlichen Vierungspfeiler steht der *Grabaltar des Kurfürsten und Erzbischofs Franz Georg von Schönborn* (6; 1729–56). Der Würzburger Künstler Johann Wolfgang von der Auwera hatte den Auferstehungsaltar entworfen. Ferdinand Tietz fertigte danach ein Modell, das seinem Schwager Johannes Grauer bei der Ausführung als Vorlage diente.

An dem südwestlichen Vierungspfeiler befindet sich der 1614 errichtete *Allerheiligenaltar* (7), der zugleich Grabalter des Erzbischofs und Kurfürsten Lothar von Metternich (1599–1623) ist. Er entstand in der Werkstatt des Hans Rupprecht Hoffmann und gilt als das letzte Werk dieses bedeutenden Trierer Bildhauers. Die Vielzahl der Figuren und die überschäumende Dekoration erweisen den Allerheiligenaltar als ein charakteristisches Werk des Manierismus. Die Farbfassung wurde 1974/75 freigelegt und teilweise nach Befund ergänzt.

Die erste nachweisbare Arbeit des Hans Rupprecht Hoffmann ist die in den Jahren 1570–72 entstandene *Domkanzel* (8) mit den Künstlerinschriften am Kanzelschaft. Die mit zahlreichen Reliefs und Figuren geschmückte Kanzel wurde im Auftrag des Domkapitels angefertigt. Von der ehemaligen Farbfassung sind keine Reste mehr erhalten. Auf dem Kanzelsockel sitzen die vier Evangelisten, den Schaft zieren die allegorischen Gestalten der fünf Sinne. Am Kanzelkorb brachte Hoffmann nach Vorlagen von M. Heemskerck sechs Reliefplatten mit der Darstellung der 'Werke der Barmherzigkeit' an; eines der 'Werke' – die Toten begraben – ist am Sockel wiedergegeben. Die Treppenwangen bieten die Darstellungen des Jüngsten Gerichtes und der Bergpredigt, während am Kanzelportal Szenen aus dem Leben Christi zu finden sind.

An der Westseite des Kanzelpfeilers steht der barocke *Kreuzaltar* (9) von 1687, dem am gegenüberliegenden Pfeiler der Dreikönigenaltar (10) von 1682 als Grabaltar des Erzbischofs Johann Hugo von Orsbeck (1676–1771) entspricht. Die Entwürfe und die Altaraufbauten fertigte der Mainzer Bildhauer Arnold Harnisch, während die Kreuzigungsgruppe bzw. die Reliefplatte des Dreikönigenaltares erst in den Jahren 1701–1703 von Joh. Mauritz Gröninger gearbeitet worden sind.

Die am nächsten Pfeilerpaar stehenden *Altäre* zu Ehren *der hl. Agnes* und der *hl. Katharina* gehen auf Entwürfe des Architekten Andrea Pozzo zurück und wurden in den Jahren 1723–25 angefertigt (11/12). Sie befanden sich ursprünglich am Lettner zu beiden Seiten des Aufganges zum Kapitelchor; seit 1974 stehen sie am westlichen Kreuzpfeilerpaar.

Im *Westchor* (13) ließ Kurfürst und Erzbischof Carl Caspar v.d. Leyen (1652–1676) in den Jahren 1664–67 einen großartigen doppelseitigen Altar aufrichten, der leider 1810 abgerissen wurde. (Eine Teilrekonstruktion des Altars ist im neuen Bischöfl. Dom- und Diözesanmuseum aufgebaut). Die Kreuzigungsgruppe aus weißem Marmor und die beiden seitlich der Treppen aufgestellten Apostelfiguren sind im Westchor übriggeblieben. Auch der kostbare Stuck des Westchores, der 1668 von Giovanni Domenico Rossi geschaffen wurde, gehört zu diesem Denkmal, welches Carl Caspar v.d. Leyen nach der Katastrophe des Dreißigjährigen Krieges als eindrucksvollen Neuanfang des künstlerischen Schaffens errichten ließ und das als das bedeutendste Werk des trierischen Frühbarock gilt. Die Restaurierung des Stucks (1973/74) stellte wieder den blauschwarzen Grund her, auf dem sich die weißen Stuckfiguren und Ornamente wirkungsvoll abheben. Inmitten des Westchores, der 1974 um ein Joch verkürzt wurde, so daß heute nur noch die Apsis als Hochchor übriggeblieben ist, ist der Erzbischof und Kurfürst Balduin von Luxemburg (1308–1354) bestattet, der der eigentliche Begründer des Trierer

Kurstaates ist. Erhalten ist nur die gotische *Grabtumba* aus schwarzem Marmor; Inschrift, Liegefigur und Statuettenschmuck der Nischen sind verloren. Seitlich der Aufgänge zum Westchor gelangt man in die romanische Westkrypta mit Resten mittelalterlicher Malerei.

An der nördlichen Hochschiffswand wurde 1974 eine neue *Schwalbennestorgel* (J. Klais, Bonn) mit 67 Registern und mechanischer Traktur eingerichtet. Die Gestaltung des Prospektes durch die Bildhauer Th. Heiermann und E. Hillebrand orientierte sich an der barocken Schwalbennestorgel, die bis 1832 an dieser Stelle gehangen hat und deren Aussehen durch ein kleines Ölgemälde vom Dominnern überliefert ist.

Am Ostende des nördlichen Seitenschiffes befindet sich die *Sakramentskapelle* mit dem *Dreifaltigkeitsaltar* (14), der 1597 von H.R. Hoffmann als Grabaltar des Kurfürsten und Erzbischofs Jakob von Eltz gearbeitet worden war. Im Jahre 1725 wurde der Altar unter Verwendung der alten Reliefplatten und Figuren von dem Augustinerbruder Joseph Walter als Barockaltar umgestaltet. Das Tabernakel entstand um 1900. Die Sakramentskapelle wird seit 1974 abgetrennt durch das '*Goldene Tor*', das einst als westlicher Abschluß des Kapitelchores aufgestellt war. Personifikationen der Kirche und des Papsttums sowie das Wappen des Domkapitels mit den erzbischöflichen und kurfürstlichen Insignien bekrönen das kostbare schmiedeeiserne Gitter.

An der Nordwand zwischen 'Goldenem Tor' und dem Seiteneingang des Domes befindet sich das 1542 entstandene Grabdenkmal des Erzbischofs und Kurfürsten *Johann von Metzenhausen* (1531–1540) (15). Gegenüber steht am nordöstlichen Vierungspfeiler das klassizistische Grabdenkmal des Erzbischofs und Kurfürsten *Johann Philipp von Walderdorff* (1756–1768) (16). Der Grabaltar des Erzbischofs und Kurfürsten *Johann von Schonenburg* (1581–1599) steht weiter westlich an der Nordwand und wurde 1602 von Hans Rupprecht Hoffmann aufgestellt (17). Auch dieser in seiner ursprünglichen Form sehr bemerkenswerte Altar wurde 1728 von J. Walter umgearbeitet.

Schräg gegenüber steht am Kanzelpfeiler der ehemalige *Grabaltar des Kurfürsten und Erzbischofs Richard von Greiffenklau zu Vollrads* (18; 1511–1531). Ursprünglich diente der in den Jahren 1525–27 entstandene Altar an der Westseite des Pfeilers als Kreuzaltar, bis er durch den barocken Kreuzaltar abgelöst und an der jetzigen Stelle ohne Mensa aufgebaut wurde.

Nach dem neoromanischen *Grabmal für Bischof Michael Felix Korum (1881–1921)*, das in der Art der romanischen Grabbögen gestaltet wurde (19), folgt an der Nordwand der *Grabaltar des Erzbischofs und Kurfürsten Philipp Christoph von Soetern (1623–1652)*, der, einem Triumphbogen ähnlich, kontrastreich aus schwarzem und weißem Marmor gearbeitet wurde (20).

Über dem Westportal gestaltete 1974 der Schweizer Maler Ferdinand Gehr in einem *Wandbild* die Wiederkunft des Herrn, dem über dem Westportal des südlichen Seitenschiffes das Wandgemälde mit der Darstellung der Erschaffung der Welt entspricht. Nahe dem Südwestportal folgt im westlichen Joch an der Südwand der sogen. *Albero-Bogen* (12. Jh.) der zum Typ der romanischen Grabdenkmäler in Bogenform gehört (26). Der älteste Grabbogen wurde für den 1144 in Trier verstorbenen Kardinallegaten Ivo errichtet und befindet sich heute an der Südwand neben dem spätgotischen Sakristeiportal (23). Ob die westlich des Sakristeiportals an der Südwand stehenden drei Bögen ebenfalls als Grabbögen dienten oder ursprünglich Teil einer Lettneranlage des Westchores waren, ist ungewiß.

Besondere Beachtung verdient das in der Südwand sitzende, vom Dom zum Paradies der Liebfrauenkirche führende romanische *Tympanonportal* (25). Es befindet sich im westlichen Langjoch und liegt dem frühromanischen Bogenportal in der Nordwand gegenüber. Im Bogenfeld sind der auf einem Kastenthron und in einer flachen Rundbogennische thronende Christus sowie Maria und Petrus als Patrone des Domes und der benachbarten Liebfrauenkirche dargestellt. Die originalen Farbfassungsreste, die noch sehr gut einen Eindruck von der ursprünglichen Wirkung der Plastik erahnen lassen, wurden 1974 unter dicken Kalktünchen freigelegt. Stilistisch gehört das Portal in die Jahre um 1180.

Vor der Ostwand des südlichen Seitenschiffes steht der *Johannes (d. Täufer) - Altar* (21). Die Reliefs und Figuren stammen wiederum von dem älteren, durch H.R. Hoffmann gearbeiteten Altar, den J. Walter als Pendant zum Dreifaltigkeitsaltar im nördlichen Seitenschiff in ähnlicher Form umgestaltete.

Zwischen dem Kreuzpfeiler und der Ostwand befindet sich die 1725 angelegte *Marienkapelle* (22). Der in drei kleine Joche aufgeteilte rechteckige Raum öffnet sich in die Arkaden zum südlichen Seitenschiff. Bemerkenswert sind die im 18. Jh. wieder verwendeten romanischen Basen, Säulen, Kapitelle und Gesimsplatten sowie die frühe Verwendung von Eisenankern. Der farbige Stuck mit den Reliefbildern der Verkündigung, Heimsuchung Mariens und der Geburt Christi entstand um 1740.

Seitlich der Marienkapelle gelangt man in die *Ostkrypta.* Die Farbfassung wurde 1974 nach Befund wiederhergestellt. Den siebeneckigen Bronzealtar mit den Darstellungen aus dem Leben des hl. Petrus, das Hängekreuz, die Leuchter und das Außenportal schuf der Bildhauer U. Henn (1974). Die *Mittelkrypta,* die heute von der Ostkrypta aus erreichbar ist, ist als Grablege für die trierischen Bischöfe eingerichtet.

Vom südlichen Seitenschiff erreicht man auch das zwischen Dom und der Liebfrauenkirche gelegene '*Höfchen*', in dem auf einem Betonsockel eine der römischen Granitsäulen aus dem 'Quadratbau' rekonstruiert wurde (24). Obenauf sitzt eine 1974 geschaffene *Engelsplastik* (Th. Heiermann).

Die *neugotische Sakristei,* die in den Jahren 1899–1901 durch den Dombaumeister Wilhelm Schmitz erbaut wurde, gehört zum Besten, was in Trier an historistischen Bauten entstand.

Neben dem Ivo-Grabbogen befindet sich der Zugang zum **Domkreuzgang.** Das heutige Erscheinungsbild ist geprägt von der Erneuerung des Kreuzganges durch die Bauhütte der Liebfrauenkirche, die das 'Juwel hochgotischer Kreuzgangsarchitektur' nach der Mitte des 13. Jh.s errichtete. Bemerkenswert sind gewisse retardierende Formelemente (rundbogige Arkaden), die auch an der Liebfrauenkirche deutlich sind und den eigenartigen Übergangsstil dieser Bauhütte charakterisieren. Von der älteren Kreuzganganlage haben sich auf der Nordseite noch ein zweischiffiger Saal und ein Einstützenraum erhalten. Zwischen dem romanischen Saal und dem Dom liegt ein Durchgang, das sogen. *Vikarsparadies,* sowie die 1481 vom Archidiakon Philipp von Savigny erbaute *Kapelle* mit Flügelaltar und reicher Ausmalung (Jüngstes Gericht und Evangelistensymbole). Über der Savignykapelle befindet sich heute im Obergeschoß des sogen. 'Badischen Baues' die *Domschatzkammer;* ehemals war hier u.a. das Domarchiv untergebracht.

Im Westflügel des Kreuzganges befindet sich die *Pauluskapelle*, die heute als Grablege für die Weihbischöfe dient. 1991/92 wurde die Kapelle renoviert: Das ursprüngliche Fußbodenniveau ist wiederhergestellt und die beiden originalen Säulenbasen sind freigelegt. Die einst umlaufende Sockelbank wurde rekonstruiert. An der Nordwand ist ein kleiner Steinsitz erhalten, der sogen. 'Krummelstuhl', der als Gerichtssitz gedeutet wird. In der Apsis der Pauluskapelle ist eine Oelberggruppe aus der Mitte des 16. Jh.s aufgestellt. Im Obergeschoß befindet sich der Kapitelsaal. In der Südwestecke des Kreuzganges liegt das Ostportal der Liebfrauenkirche. Der Südflügel des Kreuzganges ist nach schwerer Kriegszerstörung wieder aufgebaut worden; der Ostflügel zeigt noch weitgehend den originalen Bestand. Bei dieser Restaurierung ist auch die Außenfassade des östlichen Kreuzflügels neu gestaltet worden. Von den zahlreichen Epitaphien und Denkmälern im Kreuzgang sind vor allem in der Nordwestecke, gleich neben dem Domeingang, die *Totenleuchte des Edmund von Malberg* (†1478) und die dazugehörige, im Stil des berühmten Bildhauers Niklas Gerhaert von Leyden gearbeitete *Madonna* (Kopie; Original im Bischöflichen Museum) zu nennen. Bemerkenswerte Renaissancedenkmäler sind das *Epitaph des Werner und des Georg von der Leyen* (†1534/35) im Nordflügel und das *Epitaph des Otto von Breitbach* (†1523) in der Nordostecke des Kreuzganges.

Der Zugang zum ***Domschatz** ist vom südlichen Seitenschiff aus möglich. In den Beständen des Trierer Domschatzes, der zu den bedeutendsten Kirchenschätzen Deutschlands gehört, finden sich liturgische Geräte aus vielen Jahrhunderten; manche werden heute noch im Gottesdienst benutzt. Besonders zu erwähnen sind die sog. *Trinkschale der hl. Helena* (eine mittelalterliche Amethystschale), die berühmte *Elfenbeintafel* mit der Darstellung einer Reliquientranslation (5. Jh. n. Chr.), der *Andreas-Tragaltar* und die *Hülle für den Heiligen Nagel*, beides Kostbarkeiten aus der Egbert-Werkstatt (10. Jh.), und das romanische *Gozbert-Rauchfaß* (um 1100). Reich ornamentierte Bischofsstäbe, Kelche und Monstranzen zeigen die Vielfalt liturgischen Geräts. Bedeutsam sind auch die mittelalterlichen Handschriften mit ihrem kostbaren Deckelschmuck (Öffnungszeiten s. S. 14).

Ein Juwel gotischer Architektur stellt die neben dem Dom stehende ****Liebfrauenkirche** dar. Über dem Ostteil der antiken Südkirche begann man um 1235 unter dem Erzbischof Theoderich von Wied mit dem gotischen Neubau. Im Jahre 1243 erlaubte der Kölner Erzbischof Konrad von Hochstaden in seinem Bistum Kollekten für den Bau der Trierer Liebfrauenkirche, die damals als 'Mutterkirche aller Kirchen der Trierischen

Provinz' bezeichnet wurde. Die Bauarbeiten werden gegen 1260 beendet gewesen sein.
Die Liebfrauenkirche gilt als eines der frühesten Bauwerke der französischen Gotik auf deutschem Boden und bildet zugleich als Zentralbau eine der großen Besonderheiten in der gotischen Architektur des 13. Jh.s Langhaus und Querschiff zeigen ein nahezu gleicharmiges Kreuz, wobei nur der Ostchor um ein Joch länger ist. Die vier Kreuzarme enden in mehrseitig gebrochenen Apsiden und weisen jeweils in der Hauptachse ein Portal auf. In den Kreuzecken sind je zwei Kapellen angeordnet, so daß dadurch ein fast kreisrunder Grundriß entstand. Dieser Grundriß läßt sich, ausgehend vom Vierungsquadrat als Maßeinheit, entwickeln und in allen seinen Punkten festlegen. Dies gilt auch für den Aufriß des Gebäudes.

Die niedrigen Kapellen, die höher aufragenden Gewölbe des Lang- und Querschiffes sowie der bekrönende Vierungsturm zeigen eine klare Gliederung, die sich sowohl am Außenbau als auch im Innenraum deutlich ablesen läßt. Bis 1631 hatte der Vierungsturm einen hohen Spitzhelm, der nach einem Blitzschlag durch ein niedriges Dach ersetzt wurde. Einfache Strebepfeiler sitzen an den Ecken der Chöre und nehmen den Schub der Gewölbe auf. Das Maßwerk der Fenster zeigt die frühgotischen Formen, wobei die gekuppelten Rundbogenfenster des Vierungsturms jedoch noch romanische Formelemente aufweisen (vgl. auch die runden Treppentürme und die Rundbogenportale in den Kreuzarmen).

Die Abhängigkeit der Liebfrauenkirche von den französischen Kathedralen wird am Figurenschmuck der *Westfassade* besonders deutlich, der ohne das Vorbild der Skulpturen der Kathedrale von Reims nicht denkbar ist.

Außer den Figuren in den Bogenläufen des Portals, dem Bogenfeld und den Figuren im Giebel sind die Originale heute durch Kopien ersetzt (sieben Originale befinden sich im Bischöflichen Museum, vier im Bode-Museum in Berlin). Drei der Gewändefiguren sind bereits seit dem Ende des 18. Jh.s verloren; schon mehrfach hat es Versuche gegeben, den Figurenschmuck des Portals zu ergänzen. 1992 wurden drei neue Plastiken aufgestellt: Petrus, Adam und Eva. Aufgrund entsprechender Parallelen an französischen Portalen glaubt man, damit dem ursprünglichen Programm nahegekommen zu sein. Ausgeführt haben die Figuren drei verschiedene Bildhauer (Th. Heiermann und E. Hillebrand, Köln, sowie G. Charlier, Trier). Die gotischen Originale dürften etwa in der Mitte des 13. Jh.s entstanden sein. Das theologische Programm stellt mit besonderem Hinweis auf Maria als Patronin der Kirche eine Zusammenfassung der Heilsgeschichte dar, ausgehend vom Alten Testament mit den vier Propheten sowie den Patriarchen Noe und Abraham mit seinem Sohn Isaak.

Rechts und links des Fensters stehen der Erzengel Gabriel und Maria (Darstellung der Verkündigung). Im Bogenfeld sind zu beiden Seiten der thronenden Muttergottes mit dem Christuskind Szenen aus der Kindheitsgeschichte (Verkündigung an die Hirten, Anbetung der drei Könige, Darstellung im Tempel, Kindermord in Bethlehem) wiedergegeben.

In den 5 Bogenläufen sind Engel, Bischöfe, Kirchenlehrer sowie Könige mit interessanten verschiedenen Musikinstrumenten (möglicherweise eine verkürzte Darstellung der 24 apokalyptischen Ältesten) angeordnet. Der äußere Bogenlauf ist den klugen und törichten Jungfrauen vorbehalten und bringt somit einen Hinweis auf den Tag des Jüngsten Gerichts. Im Giebel ist die Kreuzigung Christi dargestellt.

Das *Nordportal* – erreichbar durch das sog. gotische 'Paradies' zwischen Dom und Liebfrauen – zeigt im Bogenfeld die Krönung Mariens, während das zum Kreuzgang hin orientierte Ostportal nur mit Blattwerk dekoriert ist (Öffnungszeiten s. S. 14).

Inneres. Von der ursprünglich reichen Ausstattung der Liebfrauenkirche ist im Laufe der Zeit manches verloren, anderes in Museen gekommen. Unter den noch im Kirchenraum vorhandenen Denkmälern seien im Folgenden einige besonders bemerkenswerte Objekte genannt:
In der nördlichen *Vorhalle* ('Paradies') sind zu beiden Seiten des Portals zum Dom hin Epitaphien angebracht, von denen das linke den Domaltaristen Johann von Segen (†1564) in Chorkleidung zeigt, eine qualitätvolle Arbeit und eines der wichtigsten Beispiele der Renaissanceplastik in Trier.
Auffallend sind die Reste der farbigen Ausmalung, die die Reinigung des 19. Jh.s überdauert haben. Hervorzuheben sind vor allem die im 15. Jh. an die 12 Kirchensäulen gemalten *Apostelbilder,* eine Stiftung des Bürgermeisters Clas von Zerf und seiner Frau Adelheid von Besselich (Stifterbilder zu Füßen des hl. Judas Thaddäus).
Unter den zahlreichen Grabdenkmälern und Altären verdient die *Grabfigur des Archidiakons und Chorbischofs Karl von Metternich (†1636)* in der nordöstlichen Kapelle besondere Beachtung. Die weiße Marmorfigur auf schwarzem Sarkophag zeigt den Chorbischof im Chormantel, halb aufgerichtet und ein Buch haltend. Die Figur wird als ein Werk des Frankfurter Bildhauers Johann Wolfgang Fröhlicher gedeutet, der diese Arbeit wohl um 1680 ausgeführt hat. In der benachbarten Kapelle befindet sich eine thronende *Madonna* aus der Mitte des 14. Jh.s mit moderner Fassung. (Die Grabplatte von 1462 mit der Figur des Erzbischofs Jakob von Sierck – ein signiertes Werk des Nikolaus Gerhard von Leyden – und die 1530/31 gestiftete Grablegungsgruppe befinden sich heute im Bischöflichen Museum; der Aufbau des Heiligen Grabes wird im Rheinischen Landesmuseum aufbewahrt).

Südlich neben der Liebfrauenkirche liegt der heutige **Bischofshof**. Erzbischof Franz Georg von Schönborn ließ hier 1746 anstelle des mittelalterlichen 'Kamphofes' die Georgskurie errichten; südlich davon entstand 1748 ein neues Konsistoriumsgebäude, das 1786 mit der Georgskurie verbunden wurde. Im Untergeschoß der nördlichen Hälfte haben sich noch mehrere gewölbte Räume des frühen 12. Jh.s mit schönen Kapitellen erhalten.

Gegenüber liegt in der Biegung der Liebfrauenstraße das **Palais Kesselstatt** (Plan S. 2/3, D3). Karl Melchior Freiherr von Kes-

selstatt ließ das Stadtpalais in den Jahren 1740–45 von dem Mainzer Architekten Johann Valentin Thomann erbauen. Trotz der ungünstigen Lage des Grundstücks an einer Straßenbiegung gelang dem Architekten eine repräsentative Fassade, indem er die symmetrisch gestaltete Eingangsfront zurückspringen ließ, während sich der dreiachsige Mittelrisalit mit Torbogen, Balkon und wappengeschmücktem Giebel wieder vorwölbt. Der längere Teil des Gebäudes ist um die Straßenbiegung entlang der Liebfrauenstraße angelegt und dem Eintretenden nicht sichtbar. Die kostbaren Stuckdekorationen des Treppenhauses sowie der Prunkzimmer wurden im letzten Krieg gänzlich zerstört.

Das neben dem Palais Kesselstatt stehende niedrigere barocke Torgebäude ist der Rest des *Bernhardshofes,* einer ehemaligen Niederlassung der Zisterziensermönche von Himmerod.

Im weiteren Verlauf der Liebfrauenstraße hat sich vom ehemaligen *Metternicher Hof* nach Kriegszerstörung nur noch das Torhaus mit dem 1605 errichteten Säulenportal erhalten. Am Ende der Liebfrauenstraße bezeichnet ein *Straßenbogen* mit einer Kreuzigungsgruppe die Südgrenze der Domstadt. An der Straßenecke befindet sich der heute zu einem Wohn- und Geschäftshaus umgestaltete Baukomplex des *ehemaligen Klosters St. Afra.* Von dem 1721–24 errichteten Kirchenbau hat sich noch die bemerkenswerte Straßenfront mit großen Kolossalpilastern ionischer Ordnung erhalten. Auch das Klosterportal (dat. 1713–28) ist noch vorhanden.

Im Dombezirk ist auch das **Bischöfliche Dom- und Diözesanmuseum** (Plan S. 2/3, D3) gelegen. 1988 wurde in der Windstraße, an der Nordseite des Doms, ein neues Haus eröffnet, nachdem in 5jähriger Bauzeit das ehemalige, 1830 von Johann Georg Wolff erbaute königliche Gefängnis umgestaltet worden war. Der alte klassizistische Bau wurde in seiner ursprünglichen Form wiederhergestellt; an der Nordseite des Altbaues wurde eine Erweiterung hinzugefügt.

Die Geschichte des Bischöflichen Museums reicht zurück in das 19. Jh. Die in der Mitte des 19. Jh.s unter dem Domkapitular Johann Nikolaus von Wilmowsky begonnenen intensiven archäologischen Forschungen im Trierer Dom erbrachten zahlreiche Funde, die mit anderen, bereits früher im Domkreuzgang aufbewahrten Denkmälern den Grundstock eines 'christlichen' Museums bildeten.

1904 wurde das Museum durch Leihgaben aus dem Bistum erweitert und als Dom- und Diözesanmuseum eröffnet. 1952 bezog das Museum das ehemalige Pensionatsgebäude der Ursulinen in der Banthusstraße. Der neue Bau in der Windstraße ersetzt heute dieses Provisorium.

Die Aufgabe des Museums ist es, 'Werke christlicher Kunst und religiösen Brauchtums sowie Gegenstände von kirchengeschichtlicher Bedeutung aus dem Eigentum des Bischöflichen Stuhles, der Domkirche und der Pfarreien des Bistums Trier zu sammeln, zu pflegen und der Öffentlichkeit zugänglich zu machen' (Öffnungszeiten s. S. 14).

In der archäologischen Abteilung sind Fundstücke aus der frühchristlichen Kirchenanlage von Dom und Liebfrauen sowie von den frühchristlichen Gräberfeldern Triers ausgestellt. Besonders bedeutsam sind die *constantinischen Deckenmalereien* aus dem sog. Prunksaal des kaiserlichen Palastes, die im Dezember 1945 unter dem Trierer Dom entdeckt und in 2 Grabungsperioden geborgen wurden. Aus mehr als 50 000 Bruchstücken wurde in jahrzehntelanger mühevoller Arbeit das Deckenbild zusammengesetzt und zeigt in 15 Bildern tanzende Eroten, reichgeschmückte Frauen und Männerbildnisse. Für die Kenntnis der spätantiken Kunst ist dieser Fund von großer Wichtigkeit.

Bemerkenswert sind die Fundstücke aus den frühchristlichen Kirchen. Hier vor allem die *Putzinschriften* von 2 Mauerschranken der konstantinischen Südkirche. In der Abteilung der christlichen Kunst aus dem Bistum Trier sind die *Malereien* des 10. Jh.s aus der Krypta der ehemaligen Benediktinerabtei St. Maximin besonders zu erwähnen. Ferner die romanische Plastik der thronenden *Madonna aus Ayl,* die *Portalfiguren* der frühgotischen Westfassade der Liebfrauenkirche sowie die 1462 von Nikolaus Gerhaert von Leyden gearbeitete *Grabplatte* mit der Porträtfigur des Erzbischofs Jakob von Sierck; von demselben Künstler stammen möglicherweise auch die *Madonna Malberg* aus dem Domkreuzgang und die *Madonna aus Wasserliesch.* Die beiden *Chorstuhlwangen* aus der ehemaligen Trierer Kartause mit den Bildnissen des Erzbischofs Balduin von Luxemburg (1397–1354) und seines kaiserlichen Bruders Heinrich VII. (1308–1314) haben großen historischen Wert.
Die fast lebensgroßen Figuren des *Hl. Grabes aus Liebfrauen* sind gute Beispiele der Renaissanceplastik in Trier. Von dem in den Jahren 1664–67 gearbeiteten *Grabaltar* des Erzbischofs Carl Caspar von der Leyen sind Architekturstücke und ein Teil des Figurenschmucks erhalten, die die hohe künstlerische Qualität des Doppelaltares zeigen, der um 1810 im Westchor des Trierer Domes abgebrochen wurde. Daneben besitzt das Museum eine große *Paramentensammlung, liturgisches Gerät, Altarsepulkra* sowie eine *Siegel- und Münzsammlung.*

Stadtbesichtigung 5:

Von der Basilika bis zum Amphitheater

Konstantinsbasilika – Kurfürstliches Palais – Palastgarten
Stadtbibliothek/Stadtarchiv – Rheinisches Landesmuseum
Kaiserthermen – Amphitheater

Zwischen Dom und den Kaiserthermen liegt in der südöstlichen Ecke der Altstadt ein Areal, das in der Spätantike vom kaiserlichen Palastbezirk eingenommen war. Eindrucksvoller Überrest des kaiserlichen Palastes ist der mächtige Ziegelbau der ***Konstantinsbasilika** (heute ev. Kirche Zum Erlöser; Plan S. 2/3, D4), der weithin das Stadtbild Triers beherrscht und zu den bedeutendsten Baudenkmälern der Spätantike gehört. Der Baukörper besteht aus einer großen rechteckigen Halle, an deren nördlicher Schmalseite eine Apsis angefügt ist. Vor der platt geschlossenen Südwand befand sich ursprünglich ein 12 m breiter, querliegender Vorbau, der nach Westen hin ebenfalls eine Apsis besaß. Teile dieses Vorbaues wurden 1983 freigelegt und konserviert. Die Mitte dieses Vorbaues, der als Eingangshalle diente, war als risalitartige Fassade ausgebildet. Auch von den die Konstantinsbasilika an den Längsseiten rahmenden Säulenhallen sind im Bereich des heutigen Basilikavorplatzes Mauerreste mit den originalen Türschwellen freigelegt und sichtbar belassen worden. Diese Mauerteile zeigen, daß der Hauptbau keineswegs ringsum frei gestanden hat; er war vielmehr ein Teil der weitläufigen Palastanlage, die Kaiser Konstantin mit großem Aufwand hat errichten lassen. Auch sonst gibt das heutige Erscheinungsbild der Konstantinsbasilika nicht den antiken Eindruck wieder. So war der Ziegelbau ursprünglich verputzt und farbig gefaßt. (Originale Putz- und Stuckreste sind noch in den Fensterlaibungen erhalten).

Die Wandflächen und die Apsis werden gegliedert durch die gleichmäßige Reihung großer, hochaufragender Arkaden. In den von ihnen gerahmten Wandflächen sitzen zwei Reihen großer Fenster, die einst wohl ähnliche Glasscheiben in Holztransennen (Gitterfenster) hatten, wie dies heute der Fall ist. Das massive Mauerwerk der Ecken beiderseits der Apsis nimmt jeweils eine Treppenspindel auf. Die heute außerordentlich

Basilika
(Rekonstruktion)

schlank proportionierten Arkaden der Wand lassen die Vertikalität des Gebäudes allzu stark hervortreten, ein verfälschender Eindruck, da ursprünglich unterhalb der beiden Fensterreihen weit ausladende Holzgesimse saßen, die vom Wandputz überzogen waren. Sie gaben dem Bau neben den Fensterreihen und dem Dachgesims die notwendige horizontale Gliederung. Zudem konnte man über die Treppenspindeln die Gesimse begehen, um auf diese Weise Wartungsarbeiten an Fenstern, Heizung und Dach ausführen zu können. (Die mit Steinplatten verschlossenen Balkenlöcher der Trägerkonstruktion der Holzgesimse sind noch unterhalb der Fensterreihen sichtbar).

Die Datierung des Gebäudes ist nicht aufs Jahr genau festzulegen. Grabungen ergaben, daß die Konstantinsbasilika ältere Bauten überdeckt (Ein Teil der Ausgrabungen ist konserviert und im Rahmen spezieller Führungen zu besichtigen). Nachgewiesen ist ein Straßenzug mit Bebauung aus dem 1. Jh. Im Laufe des 2. Jh.s wurde die Straße durch eine einschiffige Halle überbaut, die während des 3. Jh.s eine Heizung erhielt, ehe sie für den Bau der Konstantinsbasilika niedergelegt wurde. Da das Überbauen der Straße für einen Privatmann nicht möglich war, wurde diese Halle als Amtssitz eines kaiserlichen Beamten gedeutet. Zu den Vorgängerbauten gehört auch ein südwestlich der Konstantinsbasilika aufgedeckter und 1983 zugänglich gemachter Kryptoportikus. Münzfunde im Mauerwerk der Konstantinsbasilika und Ziegelstempel zeigen, daß dieser Bau im 1. Jahrzehnt des 4. Jh.s n.Chr. begonnen wurde. Wie lange man an ihm baute, ist ungewiß. Es wird angenommen, daß der Bau im offiziellen Teil des kaiserlichen Palastbezirkes als Thronsaal oder Audienzhalle diente. Die heute gebräuchliche Bezeichnung 'Basilika' kam erst im 19. Jh. auf, während das Gebäude in den mittelalterlichen Quellen stets nur 'palatium' (Palast) genannt wurde.

Inneres. (Öffnungszeiten s. S. 13) Trotz der fehlenden Innendekoration läßt die gewaltige Größe den Eindruck imperialer Macht spürbar werden. Die Länge des durch keine Einbauten unterteilten Raumes beträgt einschließlich der Apsis 67 m bei einer Breite von ca. 27 m. Die der römischen Situation nachempfundene moderne, hölzerne Kassettendecke überspannt den Raum in einer Höhe von ca. 33 m. Der Apsis und Rechteckraum trennende Triumphbogen hat eine lichte Weite von 18 m und eine Scheitelhöhe von 28 m. In den mit Goldmosaik ausgekleideten Wandnischen, die einst von einer Ädikulaarchitektur eingefaßt waren, standen Marmorstatuen. Das durch die großen Fenster reichlich einfallende Licht spiegelte sich vielfach in der kostbaren Marmorverkleidung der Wände.

Die *Beheizung* des gewaltigen Raumes stellte besondere Anforderungen. So war hier nicht nur der Fußboden als Hypokaustum ausgebildet, so daß unter dem doppelten Boden von 5 Brennöfen aus Heißluft hindurchgeleitet werden konnte, sondern es war bis zur Sohlbankhöhe der ersten Fensterreihe zwischen Mauer und Vertäfelung eine Hohlziegelverkleidung angebracht worden, durch die die Heißgase emporsteigen konnten, so daß die Wände als zusätzliche Heizflächen dienten. (Die Austrittsöffnungen der Kamine sind noch an den Außenwänden zwischen den Fenstern sichtbar).

In Fortführung des antiken Verwendungszweckes als Thronsaal und Audienzhalle diente das römische Staatsgebäude auch dem fränkischen König als königliche Pfalz, die von einem Gaugrafen verwaltet wurde. Durch königliche Schenkung gelangte der Baukomplex in die Hand des Trierer Erzbischofs, der seit dem 13. Jh. als Repräsentant der weltlichen Macht auch im 'Palatium' residierte. Beim Neubau des kurfürstlichen Palais unter Lothar von Metternich (1599–1623) wurde nicht nur die Vorhalle, sondern neben der Südwand auch die gesamte Ostwand der Konstantinsbasilika fast bis auf das Fundament abgetragen. Apsis, Triumphbogen und Westwand blieben bestehen und bildeten die Nordwestecke bzw. die Westwand der kurfürstlichen Residenz. Seit 1844 waren Pläne für einen Wiederaufbau der Basilika im Gespräch. Auf Veranlassung des preußischen Königs Friedrich Wilhelm IV. wurden die Palastbauten entfernt und der antike Bau rekonstruiert. 1856 wurde die im Innern in spätklassizistischer Art ausgestattete Basilika der evangelischen Gemeinde als Gotteshaus übergeben. 1944 brannte der Bau völlig aus. Die Wiederherstellung, die sich nur auf die Rekonstruktion der Bausubstanz beschränkte, war 1956 beendet. So ist heute, bei aller Rohbauhaftigkeit, die Monumentalität des Bauwerks wiederhergestellt. Sie ist in der Spätantike Ausdruck der kaiserlichen Repräsentation gewesen und kann heute wieder in gewissem Rahmen nachempfunden werden.

Nachdem Erzbischof Johann I. (1190–1212) seine Residenz in den Bereich des alten 'Palatiums' verlegt hatte, begannen die Erzbischöfe bald damit, ihre neue Residenz zu verschönern. Im wesentlichen blieb dies zunächst auf den römischen Bau der Palastaula Kaiser Konstantins beschränkt. Erst Johann v. Schönenberg (1581–1599) plante einen großen Neubau.

Doch erst sein Nachfolger, Lothar v. Metternich (1599–1623), konnte um 1615 mit dem Neubau des ***Kurfürstlichen Palais** beginnen. Wegen des außerordentlich harten Mauerwerks beschränkte man sich nur auf den Abriß der Ost- und Südwand der römischen Basilika und beließ Westwand und Apsis als neue Westfront der um einen fast quadratischen Innenhof angeordneten vierflügeligen Schloßanlage. Unter Lothar v. Metternich wurden nur der Nord- und Ostflügel ausgeführt, die auch heute noch erhalten sind, während der West- und Südflügel mit der Schloßkapelle an der Südostecke erst unter Philipp Christoph von Sötern (1623–1652) vollendet werden konnten. Ferner begann dieser mit dem Bau des sogenannten Niederschlosses, welches sich nach Norden anschloß und um einen zweiten Hof gruppierte. Es umfaßte den Marstall, Wirtschaftsgebäude, den Haupteingang mit dem heute noch erhaltenen Portal und den an der Nordwestecke stehenden sogenannten *Roten Turm,* den Erzbischof von Sötern um 1647 als Archiv- und Kanzleigebäude bauen ließ. Sein Nachfolger, Carl Caspar von der Leyen (1652–1676), führte die Bauarbeiten am Kurfürstlichen Schloß, das nunmehr 'Petersburg' genannt wurde, zu Ende.
Wegen der langen Kriegsjahre hat erst Kurfürst Franz Georg von Schönborn (1729–1756) von dem Mainzer Architekten Johann Valentin Thomann den Südflügel nach Westen hin durch den Bau einer Orangerie erweitern lassen, wobei für das Kellergeschoß die Mauern der antiken Vorhalle der Palastaula benutzt wurden. Kurfürst Johann Philipp von Walderdorff (1756–1768) beabsichtigte eine Umgestaltung des gesamten Palastes, jedoch konnte durch seinen Architekten Johannes Seiz nur der Südflügel teilweise ausgeführt werden.
Nach dem Einmarsch der französischen Revolutionstruppen diente der kurfürstliche Palast als Lazarett und später als Kaserne. 1803 wurde die an der Nordwestecke der römischen Palastaula seit fränkischer Zeit stehende *Laurentiuskirche* abgebrochen (Fundamentmauern der Laurentiuskirche sind 1983 im

Plattenboden des Basilikavorplatzes kenntlich gemacht worden).
1814 übernahmen die Preußen die 'Palast-Kaserne', die bis 1930 weiterbestand. Durch den Wiederaufbau der römischen Basilika wurde 1844 der Westflügel und ein Teil des Südflügels des Kurfürstlichen Palais niedergelegt. 1944 wurden die Basilika und das Kurfürstliche Palais durch Bomben zerstört. In den 50er Jahren begann die langwierige Restaurierung, so daß 1956 die Bezirksregierung das Kurfürstliche Palais beziehen konnte. Das Niederschloß wurde nicht wieder aufgebaut; es blieben nur das Eingangsportal und der 'Rote Turm' erhalten.

Es ist bemerkenswert, daß mit dem Einzug der Bezirksregierung die seit der Antike begründete Tradition des Regierungssitzes an dieser Stelle fast ungebrochen bis heute fortgeführt wird. (Die Besichtigung des Kurfürstlichen Palais ist wegen der Nutzung als Amtsgebäude nur zum Teil möglich).

Zwischen der Apsis der Konstantinsbasilika und dem 'Roten Turm' steht noch das manieristische Hauptportal der *Petersburg* mit der Figur des hl. Petrus. Das quadratische ehemalige *Kanzleigebäude* aus rotem Sandstein besteht aus einem hohen gequaderten Sockelgeschoß, über dem der Hofarchitekt Matthias Staudt im Stil italienischer Palastbauten das noble Hauptgeschoß mit Eckpilastern und großen, von kleinen Giebeln überdeckten Fenstern aufsetzte. Um 1830 wurde durch den Stadtbaumeister J.G. Wolff ein neues Obergeschoß hinzugefügt, wobei er sich der vorgegebenen Formensprache anzugleichen suchte. Das im Krieg beschädigte Gebäude wurde 1968 wiederhergestellt und erhielt wieder eine 'barocke' Dachhaube, die zur Aufnahme eines Geläutes für die evangelische Kirche in der Konstantinsbasilika genutzt wurde.

Vom Renaissancepalais des Kurfürsten Lothar von Metternich sind noch der Nord- und Ostflügel erhalten. Die schmalen Doppelfenster haben in ihren Bekrönungen jeweils eine Muschel, das Wappenzeichen des Bauherrn. An der Westecke des Nordflügels neben der Apsis der Konstantinsbasilika befindet sich ein kleines Portal mit einer 1976 erneuerten Farbfassung im Stil des frühen 17. Jh.s. (Der Zugang zum Innenhof ist während der Dienststunden durch das Hauptportal des Nordflügels möglich.) In der Nordostecke des Innenhofes ist noch einer der ursprünglich vier Treppentürme vorhanden; im Mittelgeschoß des Ostflügels ist eine Wappentafel des Lothar von Metternich angebracht. Beim Wiederaufbau der Ostwand der Konstantinsbasilika war der Westflügel des Palais niedergelegt und der barocke Südflügel verkürzt worden; besonders am Mittelrisalit des Südflügels sind die baulichen Veränderungen erkennbar.

Die asymmetrische *Gartenfassade des Südflügels* ist mit ihrer in den Jahren 1976/77 rekonstruierten Farbfassung ein reizvolles Beispiel spätbarocker Architektur und Dekoration. Im Mittelfeld des kunstvoll aus Stein gearbeiteten Balkongeländers ist das Monogramm des Bauherrn Johann Philipp von Walderdorff dargestellt. Der Architekt Johannes Seiz und der Bildhauer Ferdinand Tietz haben Architektur und Dekoration zu einer Einheit werden lassen. Im großen Segmentgiebel sind die Göttergestalten Ceres, Pomona und Apollon in üppiger Blumenpracht dargestellt. Auf der Attika stehen die vier Tageszeiten, während auf den Postamenten des Balkons die vier Jahreszeiten aufgestellt sind. Damit wird programmatisch auf die 'glücklichen Zeiten' unter der Regierung des Kurfürsten J. Ph. von Walderdorff angesprochen, die Tag für Tag und durch das ganze Jahr herrschen mögen.

Im Inneren des Südflügels schufen Johannes Seiz und Ferdinand Tietz ein ursprünglich durch alle Geschosse reichendes *Treppenhaus*. Beim Umbau des Palais als Kaserne (um 1800) wurden Zwischendecken eingezogen, so daß heute nur noch die eigentliche Treppe erhalten ist, die einen Höhepunkt in der spätbarokken Plastik darstellt. Nach Entwürfen des Balthasar Neumann-Schülers J. Seiz schuf Ferdinand Tietz das 'steinerne Wunderwerk' in den Jahren 1757–62. Nach schwerer Beschädigung durch Bombentreffer des 2. Weltkrieges wurde die Treppe wiederhergestellt. Das die Zwischendecke zierende Fresko wurde von dem Trierer Maler Otto Frankfurter in den Jahren um 1976 ausgeführt.

Auch für die *barocke Gartenanlage* hatte Johannes Seiz Pläne angefertigt, die vor der Südfassade des Palais eine große Freitreppe vorsahen. Aus Geldmangel konnte sie jedoch damals nicht ausgeführt werden. Erst 1981 begann die Stadt Trier, den Seiz'schen Plan verwirklichen zu lassen.

Der heutige **Palastgarten** (Plan S. 2/3, D4/5) wurde Ende der 1930er Jahre neu angelegt, nachdem der Platz seit der napoleonischen Zeit als Exerzierplatz gedient hatte. Die Neuanlage des Gartens war durch eine Stiftung des wohlhabenden Trierer Bürgers Franz Weissebach ermöglicht worden, der seiner Stadt im Jahre 1925 u.a. drei Fuder des außergewöhnlich guten Weinjahrgangs 1921 vermacht hatte. Jedoch hatte der schalkhafte Stifter den Verkaufserlös für den Bau eines Krematoriums festgelegt; das Geld konnte erst zu anderen Zwecken genutzt werden, wenn der Stadtrat den Krematoriumsbau im 'katholischen' Trier fünfmal hintereinander ablehnte, so wie es denn auch geschehen ist. Die Originale der aufgestellten barocken Gartenfiguren aus der Werkstatt des Ferdinand Tietz sind im Städtischen Museum Simeonsstift.

Zwischen Palastgarten und Weberbachstraße befinden sich die **Trierer Stadtbibliothek** und das **Stadtarchiv.** Hervorgegangen ist die Stadtbibliothek aus der Kurfürstlichen Universitätsbibliothek, die ursprünglich dem Jesuitenkolleg gehörte. 1804 wurde die Bibliothek der Stadtverwaltung Trier zur Verfügung gestellt. Nachdem 1802 die säkularisierten Klöster und geistlichen Stifte der Stadt aufgrund eines Erlasses der französischen Regierung ihre Buchbestände der Bibliothek abgeliefert hatten, konnte der Buchbestand um viele kostbare Schriften vermehrt werden (Öffnungszeiten s. S. 8).

Mit heute ca. 320 000 Bänden bietet die Stadtbibliothek grundlegende wissenschaftliche Literatur zu allen Fachgebieten. Unter 4000 Handschriften und 2500 Frühdrucken sind viele Kostbarkeiten, so vor allem die sogen. karolingische *Ada-Handschrift* aus der ehemaligen Benediktinerabtei St. Maximin mit dem kostbaren Konstantinskameo im Vorderdeckel oder die um 800 entstandene *Trierer Apokalypse* oder das *Egbert-Evangelistar* sowie das *Doppelblatt des Registrum Gregorii.* Zu nennen sind ferner der *Liber Aureus* aus Prüm und der erste Band der 42zeiligen *Gutenberg-Bibel.* Im Stadtarchiv sind 3500 Originalurkunden zur Stadtgeschichte aufbewahrt sowie ca. 1000 laufende Meter Amtsbücher und Akten, ferner eine Autographensammlung. Einige der bedeutendsten Kostbarkeiten sind in der Schatzkammer zu besichtigen.

Auf der anderen Seite des Palastgartens liegt an der Weimarer Allee jenseits der mittelalterlichen Stadtmauer das 1877 gegründete ***Rheinische Landesmuseum Trier** (Plan S. 2/3, D4). Das Museumsgebäude wurde 1889 errichtet und mehrfach erweitert, zuletzt 1987.

Eine Erweiterung und Neuaufstellung der Exponate ist geplant. Vor allem die große provinzialrömische Sammlung macht das Trierer Landesmuseum zu einem der bedeutendsten archäologischen Museen Deutschlands. Grundstock waren die Sammlungen der 1801 gegründeten Gesellschaft für nützliche Forschungen, die Antikensammlung der Stadt und die 1820 angelegte ‘Königliche Staatssammlung’. Eine rege Ausgrabungstätigkeit hat in den vergangenen Jahrzehnten seit der Museumsgründung die Bestände beträchtlich vermehrt. Neben der Schausammlung verfügt das Landesmuseum über umfangreiche Studiensammlungen, die durch eine große Spezialbibliothek ergänzt werden.

Die Ausstellung ist derzeit in vier Abteilungen gegliedert: Vorgeschichte, gallo-römische Zeit, merowingisch-fränkische Periode sowie die mittelalterlich-neuzeitliche Abteilung. Die Anordnung der Schausäle erfolgt meist in chronologischer Reihenfolge; gelegentlich sind thematische Schwerpunkte gebildet (Öffnungszeiten s. S. 14).

Vorgeschichte. Stein- und bronzezeitliche Objekte aus dem Trierer Raum, Waffen und Geräte verschiedenster Art, wobei die aus Stein gearbeiteten Gußformen für Bronzegeräte von besonderem Interesse sind.

Aus der sogenannten 'Hunsrück-Eifel-Kultur' (600–250 v.Chr.) werden zahlreiche Fundstücke dargeboten, unter denen sich neben kostbarem Schmuck, Gürtel- und Waffenbeschlägen auch aus Mittelitalien importierte etruskische Gefäße (Schnabelkannen) als Luxusgegenstände finden. Sie gehörten meist zu Beigaben der Fürstengräber, die zuweilen auch Wagenbestattungen aufweisen.

Ein besonderer Schwerpunkt ist die *Spätlatènezeit*, die letzten Jahrhunderte vor Beginn der Römerherrschaft (250 v.Chr.). Die Erforschung zahlreicher Gräberfelder (Hoppstätten, Horath, Wederath) gibt manchen Aufschluß über die Treverer, den keltischen Volksstamm, mit dem sich die Römer auseinanderzusetzen hatten. Das Modell des sogenannten *Hunnenringes von Otzenhausen*, einer Höhenburg der Treverer, erinnert an die gallischen 'oppida', die von den Truppen Caesars oft genug mühsam erobert werden mußten.

Gallo-römische Zeit. Die Abteilung nimmt den größten Teil des Museums ein. Von den Denkmälern der augusteischen Stadt ist der *Quader* mit der Ehreninschrift für Lucius Caesar, den im Jahre 2 n.Chr. verstorbenen Enkel des Augustus, zu nennen. Vor allem die Gegenüberstellung von italischer und südgallischer Importkeramik und den einheimischen Nachahmungen zeigt den bald einsetzenden Romanisierungsprozeß in der aufblühenden römischen Augusta Treverorum. Weiten Raum nimmt die Darstellung der Götterwelt ein, wobei hier durch die Kombination von römischen und einheimischen Göttern die geschickte Religionspolitik der neuen Herren deutlich wird. Schautafeln und Modelle informieren über die Tempel und Kultbezirke der Stadt und ihres Umlandes.

Grundlage der raschen wirtschaftlichen Entwicklung Triers war die günstige Lage im Verkehrsnetz der römischen Straßen. Aber auch die Mosel eignete sich als Transportweg für Massen- und Schwerstgüter. In zahlreichen Denkmälern wird die Flußschifffahrt in römischer Zeit dargestellt: Bekannt ist vor allem das *Steinfragment* eines mit Fässern beladenen Schiffes und seines 'fröhlichen Steuermannes'. Ebenso interessant sind die Reliefs, die den Treidelverkehr auf der Mosel belegen. Auch der Verkehr auf der Straße ist auf einigen Denkmälern aufschlußreich dargestellt.

Eine besondere Denkmälergruppe, zu der schon der 'fröhliche Steuermann' gehört und die zu den Hauptsehenswürdigkeiten des Landesmuseums zählt, sind die sogen. *Neumagener Grabdenkmäler;* sie stammen wohl vom nördlichen Gräberfeld der Stadt und wurden in der Spätantike als Fundamentierung der Befestigung des Ortes Neumagen (Noviomagus, unterhalb von Trier an der Mosel gelegen) benutzt.

Berühmt sind unter ihnen das *Neumagener Weinschiff* – das Pendant zum 'fröhlichen Steuermann' –, der Reliefquader mit der 'Schulszene' oder der Quader mit der 'Pachtzinszahlung'. In der Gräberstraße wurden einige dieser Grabdenkmäler aufgebaut und rekonstruiert; sie zeigen die Vielfalt der Grabmaltypen, die als Besonderheit in ihren Reliefbildern oft aus dem täglichen Leben der Verstorbenen erzählen und auf diese Weise zu einzigartigen Kulturzeugnissen wurden. Das größte der erhaltenen Grabdenkmäler ist die sogen. *Igeler Säule*, die im Abguß im Museumshof aufgestellt ist. (Das Original befindet sich noch heute in der Ortschaft Igel, 10 km oberhalb von Trier; (s. S. 120).

Den Luxus der Stadt zeigen vor allem kostbare *Marmorbildwerke,* meist Kopien griechischer Kunstwerke, wie z. B. der Amazonentorso aus den Barbarathermen, der zu den besten Kopien der Amazone des Phidias gehört.
Immer wieder finden sich *Mosaikböden* mit den verschiedensten Bildthemen oder auch nur ornamentalem Muster: Hervorzuheben sind das *Musenmosaik* mit den Bildnissen antiker Dichter, das berühmte *Mysterienmosaik* vom Kornmarkt oder das *Rennfahrermosaik,* das unter der Palaestra der Kaiserthermen gefunden wurde. Teilweise gehören diese Mosaikböden schon der Spätantike an. Hierzu zählen auch die *Hermenpfeiler* aus der Villa zu Welschbillig, die einen guten Eindruck einer lokalen spätantiken Bildhauerwerkstatt vermitteln. Aus der kaiserlichen Residenz Trier sind zahlreiche Denkmäler erhalten, z.B. einige bedeutende Marmorporträts sowie kostbar gearbeitete Gläser; hier vor allem das bekannte *Diatretglas aus Niederemmel.*
In einer eigenen Abteilung sind **frühchristliche Zeugnisse** ausgestellt, zu denen eine große Sammlung christlicher Grabinschriften gehört. Besondere Beachtung verdient auch der gut erhaltene *Noahsarkophag,* einer der wenigen reliefierten Sarkophagkästen. Bemerkenswert ist auch die Kopie des *Holzsarges des Trierer Bischofs Paulinus* (†358) mit seinen Metallbeschlägen. An Kleinkunst sind Glasschalen, Pyxiden (Hostienbehälter) und Beinschnitzereien mit biblischen Themen zu nennen.

Merowingisch-fränkische Zeit. Hier ist ein kleines *Elfenbeinrelief* mit Abraham und seinen Kriegern besonders hervorzuheben (6.Jh.). An den Grabsteinen, Münzen und an der Keramik des 6. und 7. Jh.s zeigen sich noch deutlich spätantike Traditionen, während vor allem die Ornamentik an Waffen und Schmuck neue Motive und Formen aufweist. Die Keramik des 8. bis 10. Jh.s ist durch den Fundkomplex aus dem *Bering von St. Irminen* ('Hospitalkeramik') gut vertreten bis hin zu der sogen. '*Pingsdorfer Ware*'.

Mittelalter und Neuzeit. Diese Abteilung befindet sich noch im Aufbau. Einige besonders bedeutende Objekte seien genannt: ein *Engelskopf* aus der gotischen Abteikirche St. Maximin (um 1250), vergleichbar mit den Figuren der Trierer Liebfrauenkirche; die thronende *Madonna von der Kalenfelsstraße* als Beispiel der Trierer Hausmadonnen (um 1400); die in der Mitte des 14. Jh.s entstandene *Kalksteinmadonna aus dem Kloster Machern* und die *Pietà aus Cochem* (um 1520).

Bemerkenswert ist die Sammlung spätmittelalterlicher Keramik, die in dem Eifelort Speicher gefertigt wurden; auch die Siegburger Werkstätten lieferten ebenso in die Moselgegend wie auch Töpfereien aus dem Aachener Raum. Ausgestellt sind auch Erzeugnisse aus der Trierer Porzellanmanufaktur und kostbare Gläser.

Am Ende des Palastgartens liegen die **Kaiserthermen** (Plan S. 2/3, D5), die jüngste der drei römischen Badeanlagen Triers. Sie bildeten die südliche Grenze des kaiserlichen Palastbezirkes und erstrecken sich auf einer Länge von ca. 250 m und einer Breite von ca. 145 m. Auf älteren Wohngebäuden, die bis in die Anfänge der römischen Stadt zurückreichen und mehrere Bauphasen mit zum Teil kostbaren Ausstattungen erlebten, wurde die Badeanlage Anfang des 4. Jh.s begonnen.

Kaiserthermen
(1. Bauzustand)

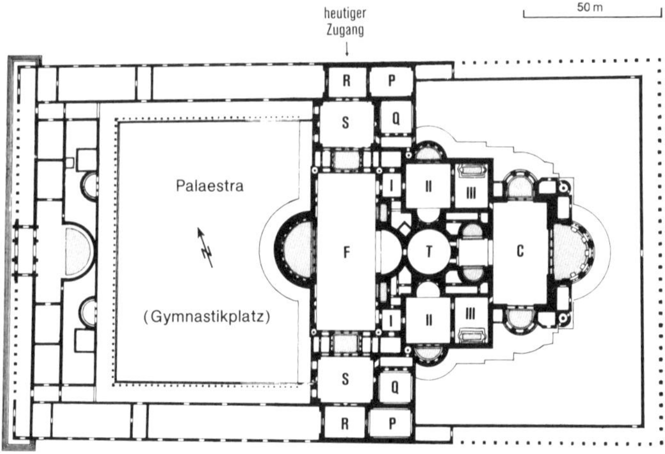

C Caldarium (Warmwasserbad)
T Tepidarium (Warmluftbad)
F Frigidarium (Kaltwasserbad)

P,Q,R,S Auskleideräume
I,II Bade- und Waschräume
III Sauna

Der Bau blieb jedoch zunächst unvollendet, nachdem Konstantin I. Trier verließ. Der Neubau der Residenz Konstantinopel dürfte wohl in der Folgezeit die Vollendung der Trierer Kaiserthermen verhindert haben. Ausgeführt wurde wohl nur der Rohbau; die technischen Installationen und die Innenausstattung werden noch gefehlt haben. In der zweiten Hälfte des 4. Jh.s erhielt die 'Bauruine' unter Kaiser Valentinian I. (364–375) eine neue Nutzung. Der hoch aufragende Hauptbau des Warmbadesaales mit seinem rechteckigen Mittelteil und den drei Apsiden wurde zu einem der kaiserlichen Repräsentation dienenden Saal umfunktioniert, zu dem das ehemalige kreisrunde Tepidarium den Vorraum bildete. Der Kaltbadesaal wurde niedergelegt; die Palaestra mit ihrer prachtvollen Eingangspforte wurde vergrößert und zu einem säulenumstandenen Hof umgebaut. Ein kleines Bad wurde im nordöstlichen Teil des Areals errichtet. Man vermutet, daß die Umgestaltung die Errichtung eines repräsentativen Kaiserforums zum Ziel hatte.

Wie alle anderen römischen Großbauten der Stadt wurden auch die Kaiserthermen im Mittelalter als Steinbruch ausgebeutet. Lediglich ein Teil des Caldariums blieb bis auf eine Höhe von ca. 19 m erhalten, da diese Mauerteile als Eckbastion in die unter den Erzbischöfen Bruno (1102–1124), Albero (1131–1152) und Arnold II. v. Isenburg (1242–1259) errichtete mittelalterliche Stadtbefestigung einbezogen wurden. Das linke untere Fenster der südlichen Apsis des Caldariums diente dabei als Stadttor. Zudem hatte in dem nun 'Alteburg' (vetus castellum) genannten Gebäude der Burggraf seinen Sitz, der mit dem militärischen Kommando der Stadt betraut war.

1861 ließ die preußische Regierung den Ostteil der Kaiserthermen freilegen, während auf dem Palaestrabereich bis 1944/45 noch die Gebäude des im Mittelalter hier errichteten Klosters St. Agneten standen, die seit der Säkularisation u.a. als Kaserne dienten. Archäologische Grabungen in den Jahren 1960–66 konnten Aufschluß über die älteren Bauten erbringen und die Palaestra rekonstruieren, so daß heute fast der gesamte Thermenbereich überschaubar ist. 1983/84 wurden an den aufragenden Mauern des Caldariums umfangreiche Sanierungsarbeiten durchgeführt, die auch eine Rekonstruktion des Fenstergeschosses der Mittelapsis beinhalteten. Der Zugang ist heute vom Palastgarten aus möglich.

Der symmetrische Aufbau der Thermenanlagen mit den in der Mittelachse liegenden Haupträumen *Caldarium* (Warmbadesaal), *Tepidarium* (lauwarmes Luftbad), *Frigidarium* (Kaltbadesaal) und *Palaestra* ist noch klar ablesbar. Zu beiden Seiten der Mittelachse sind Saunabäder, Waschräume, Auskleidezimmer und Toilettenanlagen gruppiert. Bemerkenswert sind noch die im Bereich des Caldariums erhaltenen tonnengewölbten *Kesselhäuser*. Der Abstieg zum weitverzweigten *Kellergangsystem* ist vom Mittelraum des Caldariums aus möglich. Teilweise ist das Kellergeschoß doppelstöckig, wobei unter den Bedienungsgängen Abwasserkanäle liegen. Das Mauerwerk besteht aus grob zugehauenen Kalksteinen mit hartem Ziegelkleinmörtel; in bestimmten Abständen sind Ziegellagen durch das Mauerwerk geführt. Ganggewölbe und Bögen sind aus hochkant gestellten Ziegelplatten gebildet; oft liegen mehrere Ziegelbögen übereinander, jeweils durch eine Deckschicht voneinander getrennt. Ein besonderes Charakteristikum der spätantiken Architektur sind die durch große Fenster geöffneten Wandflächen. Dieses Prinzip wird vor allem in den Apsiden des Caldariums deutlich, wo man fast von einer Gliederbauweise sprechen kann. (Öffnungszeiten s. S. 14).

Von den Kaiserthermen führt die Straße jenseits der Bahnlinie in östlicher Richtung zum Stadtteil **Olewig.** In der Talsenke hinter der Bahnlinie lag in der Antike der ausgedehnte *Tempelbezirk* des Altbachtales, der in den Jahren von 1926 bis 1934 großflächig ausgegraben wurde. Über vier Jahrhunderte standen hier eine Vielzahl von Tempeln, die den unterschiedlichsten Gottheiten geweiht waren. Erst am Ende der Römerherrschaft wurden die Tempel und Kultgebäude zerstört. Nach dem 2. Weltkrieg wurde die Grabung leider mit Trümmerschutt aufgefüllt und eine Kleingärtneranlage errichtet.

Oberhalb des Altbachtales befand sich am Berghang bei einer Quelle mit der noch erhaltenen Brunnenstube des ‘Herrenbrünnchens’ ein großer Podiumstempel mit großer Freitreppe. Möglicherweise war er dem Kriegsgott Mars geweiht. Wahrscheinlich stammen die von Bischof Nicetius im 6. Jh. im Dom wiederverwendeten Kapitelle von diesem Tempel.

Nach etwa 500 m in Richtung Olewig erreicht man das Trierer *__Amphitheater__ (Plan S. 2/3, E5). Eine Arena, in der Gladiatorenkämpfe, Tierhetzen und andere, ähnliche Veranstaltungen stattfanden, gehörte zu den festen Einrichtungen einer größeren römischen Stadt. Die Trierer Anlage nutzt geschickt den Hang des Petrisberges aus, der die östliche Hälfte des ovalen Zuschauerrunds bildet, während die westliche Hälfte aufgeschüttet ist.

Das Amphitheater wurde um 100 n.Chr. errichtet und ersetzte bereits einen älteren Vorgängerbau aus Holz. Der Besucher betritt heute die Anlage durch den südlichen Haupteingang, der einst eine durch Blendarkaden und Gesimse gegliederte dreigeschossige Schaufassade besaß. Der mittlere der drei tonnengewölbten Torbögen führt in die Arena, während man durch die beiden seitlichen Zugänge auf das Zuschauerpodium gelangt. Mächtige, sorgfältig ausgeführte Kalksteinmauern und halbkreisförmige Türme zu beiden Seiten der Hauptzugänge halten die aufgeschütteten Erdmassen. Die Gewölbe der Torbögen bestehen aus radial und ohne Mörtel versetzten Sandsteinquadern. Neben den beiden Hauptzugängen in der Längsachse des Amphitheaters sind in der westlichen Hälfte zwei weitere Zugänge mit gemauerten Kalksteingewölben angelegt.

Die ovale *Arena* (ca. 70 x 49 m) ist eingefaßt von einer 4 m hohen Kalksteinmauer mit halbwalzenförmigen Steinabdeckungen. Türöffnungen in der Mauer führen zu Käfigen, die auch jeweils beiderseits der beiden Arenazugänge angeordnet sind. Vor der Mauer befindet sich ein in den Felsen eingetiefter Entwässerungsgraben. Eine hölzerne Palisadenwand grenzte die Arena innen ein. Inmitten der Arena befindet sich ein nahezu kreuzförmiger Keller, in dessen Mittelteil eine hölzerne Hebebühne eingerichtet war. Das Grund- und Bergwasser wurde mittels einer hölzernen Kolbenpumpe, von der noch antike Holzbalken im Wasser liegend erhalten sind, in einen Felsenkanal geleitet, der das Wasser nach Süden hin zum Olewiger Bach abführt.

Auf den *Zuschauerrängen* konnten auf 26 Sitzreihen etwa 20 000 Zuschauer Platz finden. An der Westseite war zwischen den beiden seitlichen Zugängen die Ehrenloge für hohe Gäste oder den

Amphitheater
(rekonstruierter Grundriß)

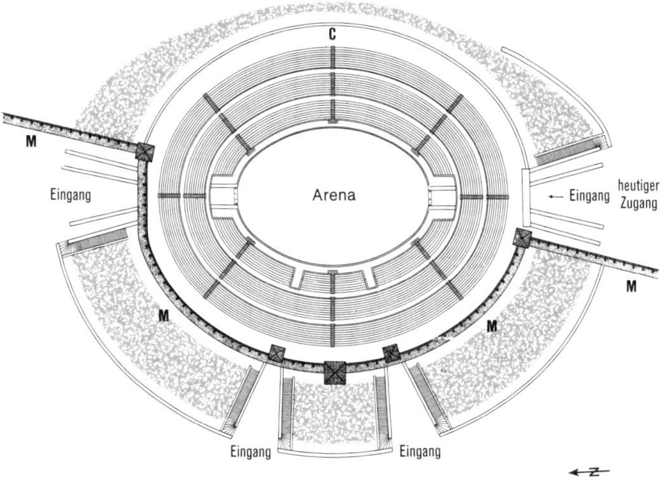

C Cavea mit Zuschauerrängen
M Verlauf der späteren Stadtmauer

Kaiser reserviert. Den oberen Rand des Zuschauerrunds schloß ein Umgang mit Säulengalerie ab. Nach dem Bau der Stadtbefestigung im letzten Drittel des 2. Jh.s wurde auf dem oberen Rand der westlichen Hälfte die Stadtmauer herumgeführt, so daß das Amphitheater als Toranlage und Eckbastion benutzt werden konnte.

Gladiatorenspiele und Tierhetzen wurden im Trierer Amphitheater bis zum Ende der antiken Stadt in den ersten Jahrzehnten des 5. Jh.s veranstaltet. Kaiser Konstantin ließ fränkische Gefangene, darunter die Stammesfürsten Ascaricus und Merogaisus, den Bestien vorwerfen. Im 5. Jh. scheint das Amphitheater oftmals den Bürgern als Zufluchtsort in der Art einer Ringburg gedient zu haben, wie Befestigungseinbauten in den Torzugängen und Funde aus dem Arenakeller bezeugen. Doch bald wurde das weit außerhalb der frühmittelalterlichen Stadt liegende Bauwerk nur noch als Steinbruch benutzt. Im Jahre 1211 erlaubte der Trierer Erzbischof Johann I. (1189–1212) den Zisterziensermönchen von

Himmerod, für ihren Bedarf Steine zu brechen; die Hänge wurden bis ins 19. Jh. als Garten- und Weinbergflächen genutzt. Erst 1816 fanden hier die ersten archäologischen Untersuchungen statt. Im Laufe der letzten Jahrzehnte sind am Mauerwerk umfangreiche Ergänzungen vorgenommen worden (Öffnungzeiten s. S. 13).

Vom Amphitheater führt die Straße weiter zum Stadtteil Olewig mit seinen zahlreichen Weinlokalen und Winzerstuben, wo der Gast einen Teil der Trierer Weinlagen probieren kann. Ein Weinlehrpfad informiert über den Anbau der Moselweine.

Olewig ist auch der Ort, aus dem die Vorfahren des 1536 in Trier geborenen Caspar Olevian stammen. Sein Vater, der Bäckermeister Gerhard von der Olewig, schickte ihn zum Jurastudium nach Paris, Orléans und Bourges. Später lernte Olevian die schweizerische Reformation kennen und wurde von Calvin 1559 nach Trier geschickt, wo er – als Lehrer angestellt – durch die Predigt versuchte, die Bürger für die Reformation zu gewinnen. Der Versuch scheiterte, und Olevian mußte für immer seine Vaterstadt verlassen (s. S. 31).

DIE RANDSTADTTEILE

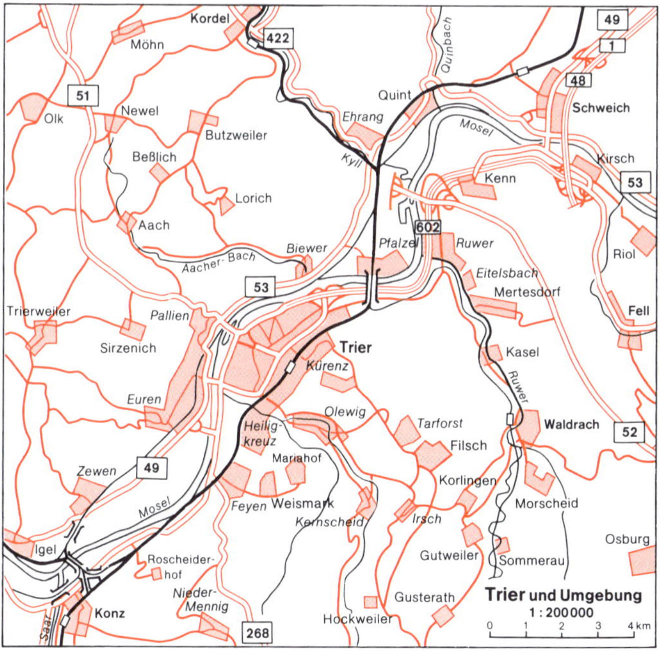

Trier-Süd und Konz

Durch den Bau der mittelalterlichen Stadtmauer zwischen Kaiserthermen und Römerbrücke wurde im Lauf des 12. Jh.s endgültig die südliche Hälfte der antiken Stadt aufgegeben. Während des ganzen Mittelalters, ja bis zum 19. Jh. blieb dieses Stadtgebiet von der heutigen Südallee bis zur Abteikirche St. Matthias im wesentlichen Freifläche; nur entlang des Moselufers bildete sich die Fischer- und Schiffersiedlung 'Barbeln' (St. Barbara). Als südliche Ausfallstraße blieb die alte römische

Längsstraße im Verlauf der heutigen Saarstraße bestehen. Zwischen der Stadt und der Abtei St. Matthias lagen bis zu ihrer Zerstörung durch die Franzosen im Jahre 1674 die Kartause St. Alban und das St. Annakloster in Löwenbrücken. Erst im 19. Jh. begann im Zuge der Stadtausweitung in Trier-Süd eine rege Bautätigkeit, die sich noch in vielen historistischen Häuserfassaden der Saarstraße wiederspiegelt.

Heiligkreuz

Auf der südöstlich gelegenen Anhöhe befindet sich der ehemalige Vorort und heutige Stadtteil Heiligkreuz. Seine Anfänge lassen sich urkundlich bis in das 8. Jh. zurückverfolgen. Über die Anhöhe führte einst die römische Stadtmauer mit der im 4. Jh. neu geschaffenen Porta Alba (weißes Tor), einem zusätzlichen Stadttor. Eine Urkunde aus dem Jahre 704 nennt die hier existierende frühmittelalterliche Siedlung ‘ad crucem’; andere Quellen überliefern den Namen in Erinnerung an das römische Stadttor ‘Wisport’.

Bemerkenswert ist die romanische **Heiligkreuzkapelle,** ein Juwel salischer Baukunst (erreichbar von den Kaiserthermen aus über die Eisenbahnbrücke Richtung Mariahof/Heiligkreuz). Nach schwerer Kriegszerstörung (1944) ist der romanische Bau in den Jahren 1957/58 wiederhergestellt worden. In einer zweiten Restaurierungsphase (1975–80) konnte die ursprüngliche Farbfassung des Außenbaues und des Innenraumes rekonstruiert werden, so daß die Heiligkreuzkapelle heute ein Beispiel für die Farbigkeit mittelalterlicher Architektur geben kann.

Das sich über einem kreuzförmigen Grundriß erhebende Gebäude hat drei gleich lange Kreuzarme; der Westarm, der schon ursprünglich um ein kleines Stück länger war, wurde 1623 durch einen barocken Anbau erweitert. Die gleich hohen und schlichten Kreuzarme werden von dem achteckigen Vierungsturm mit reicher Pilastergliederung überragt; über dem Giebel der barocken Vorhalle sitzt ein kleiner Dachreiter. Während in der Barockzeit eine prächtig geschwungene Welsche Haube den Vierungsturm krönte, wurde nach der Wiederherstellung 1957/58 ein einfaches Zeltdach aufgesetzt, das der romanischen Dachform in etwa entsprechen dürfte. Am Außenbau sind ferner die großen Kreuzfenster in den Stirnwänden der Kreuzarme als Besonderheit festzuhalten, wobei jedoch nur für die Ostwand ein solches Kreuzfenster sicher belegt werden kann.

Auch im Innern der Heiligkreuzkapelle ist der regelmäßige Grundriß ebenso deutlich wie am Außenbau abzulesen (10,40 x 9,95 m ohne Vorhalle). Alle vier Kreuzarme sind durch Halbtonnen überwölbt; zum Vierungsquadrat hin sind sie durch Pilaster und Gurtbögen abgegrenzt. Einem Baldachin gleich erhebt sich über der Vierung die durch 8 Rundbogenfenster hell beleuchtete Tambourkuppel.

Als Bauherrn überliefert die trierische Geschichtsschreibung den Dompropst Arnulf, der in den Urkunden der Jahre 1068–1097 öfters genannt wird. Dabei ist der Arnulfbau bereits die Erneuerung eines älteren Gebäudes, das mit einiger Wahrscheinlichkeit mit jener Heiligkreuzkirche identifiziert werden kann, die der trierischen Überlieferung entsprechend die Kaisermutter Helena in der Nähe der römischen Porta Alba in Kreuzform (in modum crucis) hatte erbauen lassen.

Spätestens im 17. Jh. war die Heiligkreuzkapelle eine besondere Verehrungsstätte der Passion Christi geworden. Von dem mittelalterlichen Stadttor in den Ruinen der Kaiserthermen ging ein Kreuzweg mit (noch heute erhaltenen) sieben Stationen (7 Fußfälle) den Heiligkreuzer Berg hinauf mit dem Endpunkt an der romanischen Kapelle. Der gesamte Weg maß 1100 Schritt und entsprach somit dem überlieferten ‘Jerusalemer Kreuzweg’.

Inneres. (Besichtigung von Kirche und Kapelle nach Rückfrage im Pfarrhaus neben der Kirche). Beachtenswert ist ein *Vesperbild* vom 1628 gestifteten Votivaltar des Domvikars Antonius Wiltz im südlichen Kreuzarm auf der Mensa des einzigen erhaltenen romanischen Altares. Im nördlichen Seitenarm steht eine *Kreuzigungsgruppe* in originaler Farbfassung, 1686 vom Altaristen Nikolaus Zier gestiftet. Das große *Baumkreuz* vor der Ostwand stand ursprünglich außen vor der Westfassade, dort wo jetzt ein Abguß steht. Das um 1500 gearbeitete Baumkreuz erhielt 1978/79 eine neue Farbfassung. Die ursprünglich in einem Anbau am Ostarm aufgestellte Grablegungsgruppe befindet sich heute in der benachbarten, großen, in den Jahren 1960/61 erbauten Pfarrkirche. Die Figurengruppe gehört zur Stiftung des Antonius Wiltz und entstand als spätes Beispiel einer im lothringisch- trierischen Kunstkreis weit verbreiteten Denkmälergruppe in den zwanziger Jahren des 17. Jh.s.

Fährt man von Heiligkreuz weiter den Berg hinauf, so gelangt man in den Stadtteil **Mariahof.** Eine moderne Wohnsiedlung wurde hier in den 1960er Jahren als Modellversuch angelegt. Inmitten der Siedlung liegt die moderne *Pfarrkirche St. Michael* mit bemerkenswerten Glasfenstern des Trierer Malers Jakob Schwarzkopf und einer Altarraumgestaltung durch den Bildhauer Otto H. Hajek.

Am südlichen Ende der Stadt liegt die **Abteikirche St. Matthias** (Öffnungszeiten s.S. 14). Zwar ist die Abtei St. Matthias 1802 im Zuge der Säkularisation aufgehoben worden, doch wurde sie 1922 wieder neu besiedelt.

Der Klosterbering liegt unmittelbar an der südlichen Ausfallstraße, im Bereich des südlichen Gräberfeldes der antiken Stadt, unweit der ehemaligen Porta media, dem Südtor der Augusta Treverorum. Archäologische Sondierungen ergaben, daß dieser Teil des Gräberfeldes, auf dem heute Friedhof, Kirche und Kloster liegen, seit der 2. Hälfte des 3. Jh.s fast ausschließlich für christliche Bestattungen genutzt wurde. Neben einer dichten Belegung mit Sarkophagen (von hier stammt der Noah-Sarkophag im Landesmuseum) sind hier auch zahlreiche Mausoleen und Grüfte angelegt worden.

Baureste im Bereich der auf dem Friedhof stehenden *Quirinuskapelle* interpretierte man als Überreste einer Villa suburbana, deren Anfänge im 2. Jh. n. Chr. liegen sollen. Diese Deutung ist aber keineswegs sicher. Im Laufe des 3. Jh.s wurde ein zur 'Villa' gehöriges Grabgebäude mit basilikalem Grundriß und einer unterirdischen Gruft errichtet, die heute unter der Quirinuskapelle liegt. Inmitten dieser Gruft ist ein auf allen Seiten mit farbig gefaßten Reliefs geschmückter Sarkophag aufgestellt. Auf einer Längsseite sind die Büsten eines Ehepaares zu finden, das in einem Giebelfeld des dachförmigen Deckels bei einem Gastmahl sitzend dargestellt ist; das gegenüberliegende Giebelfeld zeigt einen von Dienern begleiteten Reiter.

Von den ersten Bischöfen der Stadt, Eucharius, Valerius und Maternus, die um die Mitte des 3. Jh.s aus Rom nach Trier kamen, berichtet die Überlieferung, sie hätten bei einer Witwe namens Albana Unterkunft und Unterstützung erhalten. Da Eucharius, Valerius und Maternus auf dem südlichen Gräberfeld bestattet wurden, identifiziert man die 'Villa suburbana' mit dem Haus der Witwe Albana und sieht in der Gruft unter der Quirinuskapelle die Familiengruft der Albana. Die aus einem antiken Bau hervorgegangene, kreuzförmige Grabkirche des hl. Maternus stand noch bis 1783/87 auf dem Friedhof von St. Matthias. Die Translation der Gräber der Gründerbischöfe in eine vom Bischof Cyrillus errichtete neue Grabkapelle im Bereich der heutigen Matthiasbasilika ist für das Jahr 454 inschriftlich bezeugt. Zugleich ließ Cyrill die 'cella Eucharii' restaurieren.

Bei der Freilegung der *Albanagruft* zeigte es sich, daß der reliefgeschmückte Sarkophag aus der Mitte an die Seite der Kammer versetzt worden war, vielleicht um den Bischofsgräbern Platz zu machen. Weil in der Folgezeit um diesen Grabbau bevorzugt Bestattungen vorgenommen wurden, wird angenommen, daß die Albanagruft mit der 'Cella Eucharii' identisch ist. Seit dem 10. Jh. dienten die Albanagruft und die anschließenden Grabkammern als Beinhaus; 1287 wurde über der Albanagruft die Quirinuskapelle errichtet. Auskunft über Besichtigungen im Pfarrhaus St. Matthias.

Wenn man durch das barocke Tor den Abteivorhof betritt, wird man beeindruckt von dem breit gelagerten Westbau der ***Matthiaskirche** mit dem mächtig aufragenden Turm. Der Westbau ist zu beiden Seiten nur wenig breiter als das sich nach Osten anschließende, dreischiffige, basilikal gegliederte Langhaus.

Hinter dem Querschiff befinden sich zwei Osttürme, die den Chor flankieren. In der Ecke zwischen Nordostturm und nördlichem Querschiffsarm liegt die ehemalige Sakristei, deren Obergeschoß 1512 als Schatzkammer umgestaltet wurde.
Die Anfänge der Matthiaskirche sind mit dem Kirchenbau des Cyrillus und der Übertragung der Gebeine der Bischöfe Eucharius und Valerius im Jahre 454 faßbar. Die Cyrilluskirche wurde wohl erst 882 zerstört und durch einen Neubau von Bischof Egbert (977–983) ersetzt, der in seiner Breite bereits dem heutigen Bau entsprach. Im Querhaus der heutigen Kirche soll noch die Südwand diesem Vorgängerbau angehören. Den heutigen Bau begann Abt Eberhard seit 1127. Als nach einem Brand der alte Marienaltar abgetragen wurde, fand man ein Reliquiar mit den Gebeinen des Apostels Matthias, so daß nun die Kirche neben dem Euchariuspatrozinium auch dem hl. Apostel Matthias geweiht und zum Mittelpunkt einer bedeutenden Wallfahrt wurde. Die damals entstehenden Matthiasbruderschaften existieren z.T. noch heute und ziehen jährlich zum Grab des Apostels. Es sind vornehmlich Bruderschaften aus der Nordeifel und dem niederrheinischen Raum. 1148 konnte Papst Eugen III. in Anwesenheit des Bernhard von Clairvaux die neue Kirche weihen; die Bauarbeiten waren allerdings erst 1160 vollendet. Von 1496 bis gegen 1510 wurden neue gotische Gewölbe eingebaut, Chor und Krypta nach Osten verlängert. Gegen Ende des 17. Jh.s und 1719/20 entstanden die Portalvorbauten vor dem Westbau als verkleinerte Nachahmung italienischer Kirchenfassaden errichtet. Nach dem Dachbrand von 1783 wurde der Westturm durch den Baumeister Anton Neurohr in seinen beiden oberen Geschossen unter Verwendung alter Bauglieder erneuert und erhielt die bekrönende Balustrade mit der großen Uhr. Nach Auflösung der Abtei (1802) wurde die Abteikirche zur Pfarrkirche, so daß sie erhalten blieb. Wegen statischer Schäden wurde 1964–67 eine umfassende Restaurierung durchgeführt.

Inneres. Es überrascht zunächst das lange und recht steil proportionierte Hauptschiff der gewölbten Pfeilerbasilika, die sich durch eine klare und einfache Formensprache auszeichnet. Die engen Arkaden der Seitenschiffsjoche lassen noch die ursprüngliche romanische Raumgliederung im 'gebundenen System' erahnen: je zwei Seitenschiffsjoche entsprachen einem Mittelschiffsjoch. Der Chor war ursprünglich durch eine halbrunde Apsis geschlossen. Größere bauliche Eingriffe wurden erst gegen Ende des 15. Jh.s durch den Meister Bernhard aus Trier mit dem Einbau des spätgotischen Netzgewölbes mit seinen schönen figürlichen Schlußsteinen vorgenommen. Dies hatte auch eine Änderung der Wandgliederung zur Folge: während in der ersten Bauphase mit dem romanischen Mittelschiffsgewölbe nur über jedem zweiten Pfeiler ein Gurtbogen saß, wurden nun über allen Arkadenpfeilern Lisenen zum Gewölbe hochgeführt.

Der *Ostchor* erhielt in den Jahren 1504–1510 durch den Meister Jost aus Wittlich ein neues Netzgewölbe; zugleich wurde statt der Rundapsis ein neuer, dreiseitiger Chorabschluß mit drei großen, mehrteiligen Fenstern errichtet. Im Mittelfenster ist noch das 1513 von dem Meister Wilhelm geschaffene *Glasgemälde* mit der Kreuzigung Christi erhalten, eines der wenigen erhaltenen Beispiele spätgotischer Glasfenster im Trierer Raum. Die wertvollen spätromanisch-frühgotischen *Chorschranken* wurden bei der letzten Renovierung (1962) aus der Vierung in den Ostchor versetzt, wo sie heute nur noch als Wanddekoration dienen. Das *Grab des Apostels Matthias* mit der um 1480 entstandenen Liegefigur des Heiligen ist seit der Renovierung von 1962 vor den barocken Chortreppen plaziert. Dabei wurde leider die seit dem 12. Jh. zu belegende Tradition des Hochgrabes aufgegeben. Vor der romanischen Westwand befindet sich die 1699 entstandene ehemalige *Orgelempore* mit gotischem Rippengewölbe. Bei der letzten Renovierung zunächst niedergelegt, wurde die Empore mit kleinen Änderungen unter Verwendung der originalen Bauglieder wieder aufgebaut.

Vom *nördlichen Querschiff* aus gelangt man zu einer Kapelle mit dem um 1700 geschaffenen Gnadenbild der Muttergottes. Dieses '*Mattheiser Gnadenbild*' ist die bekannteste Darstellung dieser Art (Brustbild Mariens in strenger Frontansicht), die durch die griechische Beischrift 'Hagia Maria' an eine Ikone erinnert. Dieser Bildtyp ist in Varianten mehrfach im trierisch-rheinischen Raum zu belegen.

Über der Gnadenkapelle befindet sich die *Kreuzkapelle*, in der als besondere Kostbarkeit die Reliquientafel mit der Großen Kreuzreliquie, die der Ritter Ulrich von Ulmen um 1204 aus Konstantinopel mitgebracht und 1207 der Trierer Abtei geschenkt hat, aufbewahrt wird. Für sie wurde um 1230 eigens das kostbare Kreuzreliquiar (Staurothek) angefertigt. Die Kreuzkapelle weist zum Kirchenschiff hin ein kleines Fenster auf, an dem die Reliquien zu bestimmten Festtagen den Gläubigen gezeigt werden konnten.

Im *südlichen Querschiff* steht heute eine neue Orgel. In der Nebenchorkapelle eine *reliefierte Steinplatte*, die heute als Antependium (Altarverkleidung) des Sakramentsaltares verwendet wird. Sie könnte Teil einer Schrankenwand gewesen sein und in der Kirche des 5. Jh.s gestanden haben. An einem der südlichen Langhauspfeiler befindet sich eine stehende *Muttergottes* (um 1480) mit erneuerter Farbfassung. Vom Kircheninventar sind ansonsten noch einige *Steinretabel* des 16. und 17. Jh.s sowie die reich geschnitzten barocken *Beichtstühle* vorhanden. Der ehemalige qualitätsvolle neugotische Hochaltar steht heute in der Pfarrkirche Trier-Euren.

Die dreischiffige *Krypta* besteht aus einem älteren westlichen Teil (vermutlich 10. Jh.) mit den beiden *Sandsteinsarkophagen* der heiligen Bischöfe Eucharius und Valerius, die Bischof Cyrillus 454 an diesen Ort hatte überführen lassen. Die östliche Erweiterung der Krypta erfolgte 1512–14.

Von den südlich der Kirche befindlichen **Klostergebäuden,** die unter dem Abt Jakob von Lothringen in den Jahren 1210–87 errichtet wurden, zeigen noch der Kreuzgang und der Ostflügel mit dem Kapitelsaal, dem Refektorium und dem heute als Bibliothek genutzten ehemaligen Dormitorium die frühgotische Formensprache. In dieselbe Zeit gehört auch die östlich der Kirche stehende, 1253 geweihte *Marienkapelle.* Der fünfjochige, rechteckige Bau mit dreiseitigem Schluß an beiden Enden war 1809 fast ganz niedergelegt worden. In den 1970er Jahren wurde die Außenmauer wieder aufgebaut, so daß die Marienkapelle heute als Friedhofskapelle genutzt werden kann.

An der westlichen Begrenzung des Abteiplatzes zunächst das links der Toreinfahrt stehende heutige *Pfarrhaus,* das 1638 als Pilgerherberge errichtet worden war und in den letzten Jahren renoviert wurde. Rechts der Toreinfahrt steht neben dem Torhaus mit den Statuen der drei Bischöfe Eucharius, Valerius und Maternus das ehemalige *Fischhaus,* dessen Obergeschoß als frühes Beispiel neugotischer Architektur um 1830 erneuert worden war.

Konz

Ungefähr 5 km flußaufwärts liegt an der Einmündung der Saar in die Mosel die Stadt **Konz** (1992: 17 030 Einwohner). Im nördlichen Stadtteil Konz-Karthaus steht die 1680 nach einem Plan des Mainzer Architekten Vitus Schneider errichtete ehemalige *Karthäuserkirche.* Nachdem im Jahre 1674 die Trierer Karthause durch die französischen Truppen zerstört worden war, ließen sich die Mönche in Merzlich nieder und erbauten ein neues Kloster, das sie bis 1794 innehatten und das dem Stadtteil den neuen Namen 'Karthaus' gab. Nach der Säkularisierung wurden Klostergebäude und Kirche auf Abbruch versteigert, 1885–87 jedoch wiederhergestellt. Danach dienten sie den Franziskanerinnen als Kloster, bis die Stadt 1963 die Anlage erwarb und seitdem als Bürgerhaus und Kulturzentrum nutzt.

Auf der Höhe liegt bei einem neuen Wohngebiet im Bereich der ehemaligen Domäne **Roscheiderhof** das gleichnamige Freilichmuseum. Interessante Fachwerkhäuser sowie viele Einrichtungsgegenstände und Handwerksgeräte vermitteln einen guten Eindruck von der Lebensweise in den Dorfgemeinschaften der Eifel und des Hunsrücks. Kernstück ist der sogen. 'Hunsrückweiler', eine Nachbildung einer kleinen Siedlung mit originalen Häusern.

In der Spätantike war in Konz (Contionacum) die Sommerresidenz des Kaisers Valentinian I. (364–75). Einige Mauerreste der *Kaiservilla* sind noch im Bereich der in den Jahren 1959–61 errichteten katholischen Pfarrkirche St. Nikolaus erhalten. In dieser Villa hatte der Kaiser mehrere Gesetze unterzeichnet. Der große Villenkomplex (84 x 38 m) besaß einen mittleren Apsidenraum, der durch eine Kanalheizung beheizbar war. Zu beiden Seiten schlossen sich zu Eckrisaliten vorspringende Raumgruppen an, die durch Portiken miteinander verbunden waren. Malereifragmente sowie Boden- und Wandverkleidungen aus Marmor lassen heute noch die reiche Ausstattung des kaiserlichen Domizils erahnen.

Das Moselufer zwischen Römerbrücke und Zurlauben

Auch die ***Römerbrücke** (Plan S. 2/3, AB4) gehört zu den Bauwerken Triers, die seit der Antike bis heute genutzt werden; zugleich gilt sie als älteste Brücke nördlich der Alpen, die heute noch dem Verkehr dient. Es ist die dritte Brücke an dieser Stelle. Die Brückenpfeiler sind aus mächtigen Basaltblöcken zusammengefügt (bei zwei der sieben Pfeiler wurden Kalk- und Sandsteine verwendet). Die Steine wurden von in Blei eingegossenen Eisenklammern zusammengehalten. Zum Bau hatte man doppelte Spundwände aus Eichenbohlen mit einer Lehm- und Tonverfüllung in das Flußbett eingerammt, um in dem leer gepumpten Innenraum die Pfeiler aufbauen zu können. Die Pfeiler trugen ehemals mächtige Balken, auf denen die hölzerne Fahrbahn auflag. Die schweren Tragebalken waren an den Längsseiten der Pfeiler durch ein Sprengwerk abgestützt, wobei die schräg stehenden Stützbalken auf vorkragenden Steinquadern aufsaßen, die heute noch zu sehen sind.

Ursprünglich waren neben den sieben Flußpfeilern im stadtseitigen östlichen Ufervorgelände zwei weitere Pfeiler errichtet, so daß zusammen mit den Auffahrrampen die Brücke eine Länge von ca. 400 m hatte. Die anläßlich der Arbeiten zur Moselkanalisierung durchgeführten archäologischen Untersuchungen zeigten anhand des geborgenen Fundmaterials und der dendrochronologischen Bestimmung der Spundwandhölzer, daß die Brücke zwischen den Jahren 144–152 n.Chr. errichtet wurde. Durch den Stadtmauerbau und die Aufschüttung des Ufervorgeländes wurde die Brücke auf die sieben Flußpfeiler verkürzt und erhielt einen neuen östlichen Brückenkopf; zugleich wurde am westlichen Brückenende ein Torbau errichtet. Die Verringerung des Flußquerschnittes brachte höhere Wasserstände mit sich, so daß die Pfeiler um ca. 2 m aufgestockt werden mußten. Erst unter dem Erzbischof Balduin wurde 1343 die immer wieder reparierte hölzerne Fahrbahn durch gemauerte Brückenbögen ersetzt. 1687 wurden die gotischen Bögen von den französischen Belagerungstruppen gesprengt. Durch den kurtrierischen Hofbaumeister Judas wurde die Steinwölbung in den Jahren 1717–19 auf Kosten des Domkapitels wiederhergestellt und mit neuen Torbauten versehen, die erst im 19. Jahrhundert niedergelegt wurden. Die Verbreiterung der Fahrbahn war 1931 vorgenommen, andere Reparaturarbeiten sind in neuerer Zeit durchgeführt worden.

Die archäologischen Untersuchungen zeigten, daß schon vor dem Bau der heutigen Römerbrücke nur wenige Meter flußabwärts zwei ältere Vorgängerbauten gestanden haben, von denen sich noch die Holzpfahlgründungen der Pfeiler ermitteln ließen.

Die Bestimmung der Hölzer nach der Jahresringchronologie ermöglichte es, den Baubeginn der unmittelbaren Vorgängerin in vespasianische Zeit auf das Jahr 71 n.Chr. zu datieren. Es handelt sich dabei um eine Pfahlrostbrücke: Viele in das Flußbett eingerammte Eichenholzpfähle trugen einen Balkenrost, auf dem die steinernen Brückenpfeiler errichtet wurden. Unter den vielen Eichenbalken fanden sich mehrere große Balken, die offensichtlich wiederverwendet waren. Sie gehörten einst zu der ältesten Pfahlbrücke und waren in den Jahren 18 und 17 v.Chr. gefällt und in saftfrischem Zustand als Brückenpfähle bearbeitet worden. Diese Pfähle werden als wichtigste Belege für die augusteische Stadtgründung angesehen, die mit dem Baudatum der Brücke um 17. v.Chr. zusammenfallen dürfte.

Neben dem stadtseitigen Brückenkopf steht ein neugotischer Pfeiler mit dem barocken Standbild Kaiser Konstantins d.Großen.

Unweit der Brücke liegen in der Südallee die Ruinen der ***Barbarathermen** (Plan S. 2/3, B5), einer der Monumentalbauten der römischen Stadt. Obwohl von den Barbarathermen heute nur etwa ein Viertel der ehemals 4,2 ha großen Anlage ausgegraben und fast nur das Kellergeschoß erhalten ist, sind die Überreste dennoch für die römische Architektur- und Technikgeschichte von besonderer Bedeutung. Schließlich zählten die Barbarathermen lange Zeit zu den größten Badeanlagen des römischen Reiches. (Öffnungszeiten s.S. 13).

Ihr Baubeginn liegt etwa in der Mitte des 2. nachchristlichen Jahrhunderts, als das Stadtgebiet eine großzügige Erweiterung erfuhr. Teils über niedergelegten älteren Wohngebäuden, teils auf einer Aufschüttung des Ufervorgeländes der Mosel entstand die im Plan streng symmetrische Thermenanlage mit den in der Mittelachse liegenden Hauptteilen: *Gymnastikplatz* (Palaestra). *Kaltbadesaal* (Frigidarium), *Warmluftbad* (Tepidarium) und *Warmbadesaal* (Caldarium). Rechts und links schlossen sich zahlreiche Nebengebäude an, wie *Umkleideräume* (Räume S,P,Q,R), *Waschräume* und *Saunabäder* (Räume I und III), sowie als Besonderheit überdachte *Hallenschwimmbecken* (II), die mit einer Wassertiefe von ca. 1,40 m beheizbar waren. Der Zugang zu den Barbarathermen erfolgt heute von der Südallee aus, die in etwa parallel der Frigidariumsfassade verläuft.

Hinter dem Wärterhaus befindet sich im Raum P ein mit antikem Material wiederhergestelltes Stück einer *römischen Fußbodenheizung* (Hypokaustum). Auf dem unteren, mit Ziegelplatten ausgelegten Boden stehen in regelmäßigem Abstand kleine

Barbarathermen
Gesamtgrundriß

50 m

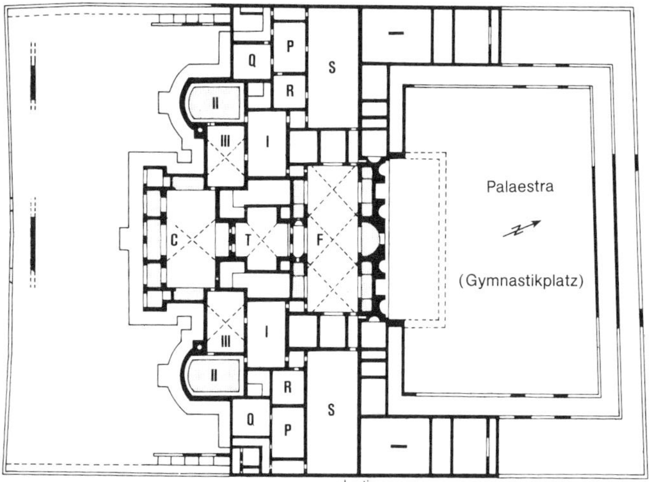

C Caldarium (Warmwasserbad)
T Tepidarium (Warmluftbad)
F Frigidarium (Kaltwasserbad)
S,P,Q,R Auskleideräume

↑ heutiger Zugang

I Baderaum
II Hallenschwimmbad
III Sauna

Ziegelpfeiler, die den eigentlichen Zimmerfußboden aus einem gegossenen Ziegelmörtelestrich tragen. Durch den Hohlraum wurde vom darunter liegenden Feuerungsschacht (Präfurnium) heiße Luft geleitet, die den ‘schwebenden Boden’ erwärmte.

Vom Raum R ist der Abgang in das weitläufige Kellergeschoß möglich, bestehend aus gewölbten Kellergängen mit Wasserkanälen und Heizschächten sowie dazwischen liegenden, mit großen Steinplatten gepflasterten Höfen zur Lagerung von Brennmaterial.

Die in der Mittelachse liegenden Hauptbaderäume (Saal C,T, und F) sind heute durch die aufgestellten Sandsteinsäulen markiert. Rings um die rechteckigen Säle C und F sind noch die vertieften Badebecken sichtbar, in die der Badende über Stufen hineinsteigen konnte. Das Badewasser wurde von einem Aquädukt aus der Ruwerwasserleitung herangeführt und für das Caldarium in großen Metallkesseln erhitzt.

Nur wenig ist bis heute von der Ausstattung bekannt geworden. Jedoch zeigt das Wenige eine hervorragende Qualität, wie z.B. der heute im Rheinischen Landesmuseum aufbewahrte Amazonentorso.

Nach einer Renovierung der Thermen im 4. Jh. wurden sie teilweise noch bis ins 5. Jh. benutzt. In fränkisch-merowingischer Zeit dienten die Gemäuer wie auch andere Trierer Bauten als Wohnbauten. So residierte hier bis zum 11. Jh. das Ministerialengeschlecht der 'Herren von der Brücke' (de Ponte). In einem anderen Teil war wohl im Laufe des 8. Jh.s eine Salvatorkirche eingerichtet worden. Die 1173 urkundlich erwähnte Kirche S. Maria ad Pontem stand im Bereich der ehemaligen Palaestra. Seit dem 14. Jh. und vor allem, nachdem die Jesuiten im 17. Jh. das Gelände erworben hatten, wurden die Gebäude als Steinbruch benutzt. Die ersten archäologischen Ausgrabungen fanden in den zwanziger Jahren des 19. Jh.s statt.

Am Moselufer befindet sich wenige Schritte unterhalb der Römerbrücke auf der rechten Straßenseite das in den Jahren 1829–31 von dem Stadtbaumeister Johann Georg Wolff errichtete **Hauptzollamt.** Das zweigeschossige klassizistische Gebäude besitzt seitlich je einen pavillonartigen Flügelbau. Die einst die Straße als Zollhof absperrenden Eisengitter wurden vor Jahren aus verkehrstechnischen Gründen abgebaut und dienen heute nur noch als Grundstücksbegrenzungen.

Vom mittelalterlichen Hafenviertel Triers zeugen am Moselufer noch die beiden **Krane** (Plan S. 2/3, B3/4), von denen der obere und näher an der Brücke gelegene aus dem Jahre 1774 stammt. Der untere Kran wurde 1413 errichtet und tat bis 1910 seinen Dienst. Eine breite Kaianlage erlaubte gleichermaßen ein gutes Anfahren der Fuhrwerke und das Anlegen der Moselkähne. Das runde Kranenhaus aus Bruchsteinmauerwerk ist von einem Kegeldach überdeckt, dessen oberer Teil mitsamt den beiden Auslegern drehbar ist. Über einen der beiden 13 m langen und mit Blei verkleideten Ausleger (ursprünglich war nur einer vorhanden, dem später als Gegengewicht ein zweiter Arm beigegeben wurde) läuft die Kette mit einfachem Flaschenzug (1992 erneuert).

Im Innern des Kranenhauses sind die beiden Ausleger an einem Mittelpfosten, dem sog. Kaiserbaum, befestigt, der seinerseits an seinem unteren Ende auf einem Eisenzapfen drehbar gelagert ist. Zwei große Treträder (ø 4,20 m) bewegten mit je zwei Mann Bedienungspersonal die Kettentrommel, während ein weiterer

Mann an einem Querholz den Kaiserbaum mit den Auslegern gleichzeitig drehen konnte, so daß das Heben und Senken der Last sowie die Drehung des Krans in einem Arbeitsgang erfolgen konnten. Abgesehen von kleineren Reparaturen hat sich diese bemerkenswerte Konstruktion aus Eichenholz bis heute erhalten und ist ein bedeutendes technisches Denkmal.

Auf der Höhe des alten Krans sind jenseits der Moseluferstraße die Reste des mittelalterlichen **Krahnenviertels** (Krahnenstraße) sichtbar. Seit 1970 wurden zahlreiche der Häuser beiderseits der Straße restauriert. Teilweise wurden sie entkernt und ihre Fassaden in der ursprünglichen Form rekonstruiert. Neben den mittelalterlichen Giebelhäusern – hier ist vor allem das *Haus Britanien* als schönes Beispiel zu erwähnen (Krahnenstraße 17) – finden sich auch barocke Häuser, von denen das Haus *Krahnenstraße 14* mit seiner an Süddeutschland erinnernden Fassadenmalerei besonders auffällt. Einst wohnten hier Schiffsleute und Moselfischer, wie dies gelegentlich noch an den Wappensteinen der Türstürze erkennbar ist.

Archäologische Untersuchungen im Garten des nahe gelegenen Krankenhauses und Klosters der Borromäerinnen ergaben vor Jahren die Baureste eines großen römischen Podiumtempels, der möglicherweise dem Heilgott Asclepios geweiht war. Im Klosterbereich der Borromäerinnen ist heute noch das *Noviziatshaus der Jesuiten* erhalten, das 1606 an Stelle des ehemaligen Mettlacher Hofes errichtet worden ist.

Nach wenigen Schritten moselabwärts gelangt man zum Benediktinerinnenkloster **St. Irminen-Oeren,** das heute den 'Vereinigten Hospitien' gehört. Nach Auflösung des Klosters (1802) ließ Napoleon in den Gebäuden ein 150 Betten umfassendes Hospital einrichten. Durch kaiserliches Dekret wurde der gesamte Klosterbering 1805 den 'Vereinigten Hospitien' zugeschlagen, einer öffentlich-rechtlichen Stiftung, in der seit 1798 alle Hospitäler der Stadt zusammengefaßt waren. Der Komplex umfaßt heute ein Altenheim, Altenwohnungen, ein Krankenhaus, ein Kinderheim und andere soziale Einrichtungen.

Umfangreiche Grabungen (1975–79) im Garten des weitläufigen Bezirkes, der über den Irminenfreihof erreicht werden kann, legten frühe römische Lehm- und Fachwerkhäuser frei, die auf einer hochwasserfreien Geländeschwelle errichtet worden waren; spätere Steinhäuser hatten teilweise recht aufwendige Ausstattungen. Im 4. Jh.n.Chr. (etwa um 330 n.Chr.) wurden zwei nebeneinander liegende, doppelgeschossige und 70 m lange *Speicherhäuser (horrea)* errichtet. Zwischen beiden Hallen lag ein schmaler Hof, der über zwei Zufahrten erreichbar war. Zwei Stützenreihen gliederten die Hallen in drei Schiffe, die zudem durch eine Balkendecke in zwei

Geschosse aufgeteilt waren. Die Außenfassaden der zum römischen Hafen gehörenden Speicherhallen waren durch doppelgeschossige Blendarkaden gegliedert; schmale, schießschartenähnliche Fenster gaben dem Innern nur spärlich Licht. Im Erdgeschoß des heute noch erhaltenen 'Moselflügels' der ehemaligen Klosteranlage hat sich von der Außenfassade der westlichen Halle der Horrea noch ein 28 m langes Mauerstück erhalten, das mit seinem Kalksteinmauerwerk und dem Ziegeldurchschuß an die Mauern der Kaiserthermen erinnert.
Nach der Zerstörung der römischen Stadt gelangten die Speicherhallen in den Besitz des fränkischen Königs, der in den Gebäuden eine Königspfalz einrichtete. König Dagobert I. schenkte den 'Palatium Dagoberti' benannten Besitz dem Trierer Bischof Modoald, der hier das Kloster St. Maria ad horrea ('Oerenkloster') gründete. Die zweite Äbtissin, die hl. Irmina, beschenkte das Kloster, das sich zunächst nur auf den Bereich der beiden antiken Speicherhallen erstreckte, reich mit Grundbesitz.
Schon im 8. Jahrhundert wurde westlich vor der moselseitigen römischen Halle ein Weinkeller angelegt, der mit seinen Rundstützen noch heute erhalten ist und als ältester Weinkeller Triers gilt. Im 11. Jh. wurde eine neue nach Osten gerichtete und über den antiken Bereich hinausgreifende romanische Kirche erbaut, von der sich der über dem südlichen Kreuzarm stehende Turm noch erhalten hat. Über seinen vier romanischen Geschossen war 1615 ein fünftes Stockwerk in gotisierenden Formen errichtet worden; der bekrönende Zinnenkranz kam erst 1837 dazu.

Im Bereich der östlichen Speicherhalle wurde 1768 unter der Äbtissin Amalia von Meierhofen ein neuer Kirchenbau begonnen. Der nach den Plänen des französischen Architekten Jean Antoine ausgeführte Saalbau mit eingezogenem Chorjoch war 1771 fertig. Nach schwerer Kriegszerstörung wurde das Kircheninnere in den Jahren 1962–64 wiederhergestellt und erhielt in letzter Zeit auch die nach Befund rekonstruierte Außenfassung. Vom einstigen barocken Klostergebäude, das 1726–44 nach den Plänen des Architekten Christian Kretschmar gebaut wurde, hat nur der Moseltrakt die Zerstörungen des 2. Weltkrieges überdauert. Der Rundgiebel über dem Mittelrisalit der moselseitigen Fassade ist mit seinen Stuckfiguren eine moderne Ergänzung.
Insgesamt erlaubt der Bering von St. Irminen-Oeren, der teilweise heute noch von den mittelalterlichen Umfassungsmauern eingegrenzt ist, einen Einblick in die wechselvolle Geschichte dieses Platzes.

Auf dem **Irminenfreihof** steht das klassizistische *ehemalige Pfarrhaus* und spätere Wohnhaus des Hospitiendirektors, das in den Jahren 1838–41 entstand. Die alte Pauluskirche war 704 vom hl. Willibrord gegründet worden und stand ehemals im Bereich des Irminenfreihofes, bis Anfang unseres Jahrhunderts ein wenig weiter östlich die neue, neoromanische Pauluskirche errichtet wurde. In der nordwestlichen Ecke des Irminenfreihofes befinden sich die Gebäude des *ehemaligen Katharinenklosters*, heute ein zu Schulzwecken genutzter Komplex. Hinter dem Gebäude haben sich noch Reste der antiken *Stadtmauer* Triers erhalten, auf der auch die mittelalterliche Stadtbefestigung aufsitzt. Ein Teil des *ehemaligen Stadtgrabens* lebt heute noch in der Parkanlage 'Schießgraben' fort. Am Ende des 'Schießgrabens' befindet sich rechter Hand das 1731 errichtete *Wohngebäude der Deutschherrenkommende* (Ausoniusstraße 1). Das Gebäude mit Mansarddach und reichgeschmücktem Portal dient heute als Sonderschule; Kirche und Klostergebäude der Deutschherren sind schon 1803 abgebrochen worden.

In der Nähe der Kaiser-Wilhelm-Brücke befindet sich der Westflügel der ehemaligen *Benediktinerabtei St. Martin*. Der 1626 errichtete, langgestreckte Bau mit Volutengiebel und Zwerghäusern wird derzeit als Studentenwohnheim genutzt. Die Abteikirche und große Teile des Klostergebäudes waren 1804 nach Auflösung der Abtei abgebrochen worden. Nach trierischer Tradition hat der römische Konsul Tetradius im Jahre 385 dem damals in Trier anwesenden hl. Martin von Tours seine Villa zur Einrichtung einer Heiligkreuzkirche geschenkt. Unter dem Trierer Bischof Magnerich entstand im Jahr 587 die dem hl. Martin geweihte Kirche mit Kloster. Die Kirche wurde mehrfach umgebaut und erweitert. Auch die Existenz einer römischen Villa konnte für diesen Bereich nachgewiesen werden, so daß die legendenhafte Frühgeschichte dieser Kirche ihren wahren Kern offenbart.

Im Hof der Abtei stand ehemals die von der Trierer Bürgermeisterwitwe Adelheid von Besselich 1498 gestiftete spätgotische Kreuzigungsgruppe. Die Kopien der Figuren, deren Originale sich heute in der Pauluskirche befinden, sind an der Stelle des einstigen Kirchenportals aufgestellt.

Zurlauben

Unterhalb der Kaiser-Wilhelm-Brücke liegt der ehemalige Vorort Zurlauben. Zahlreiche Wappensteine in den Türstürzen weisen die Erbauer der Häuser als Schiffsleute und Fischer aus. Malerische, von Efeu und Weinlaub umwachsene Gartenhäuser und Lauben, deren massive Unterbauten heute vom Moseldamm zugeschüttet sind, gaben dem Fischerviertel seinen Namen.

Geht man von Zurlauben den Moselweg weiter flußabwärts, gelangt man nach wenigen hundert Metern zu dem Bezirk der ehemaligen Benediktinerabtei *St. Maria ad Martyres* (St. Mergen), deren Gründung im 7. Jh.n.Chr. erfolgt ist. Von der Klostermauer haben sich noch einige Partien mit kleineren Pavillonbauten erhalten. Von den im 18. Jh. völlig neu errichteten Klosterbauten, die nach der Auflösung der Abtei in den Jahren 1805–07 abgerissen wurden, blieb nur noch der Ostflügel, das sogen. *Exzellenzhaus* (Zurmaienerstraße) übrig. Der schlichte Bau mit Mittelrisalit und Tordurchfahrt diente bis 1918 als Wohnung des Divisionskommandeurs der Trierer Garnison; heute ist hier ein Jugendzentrum eingerichtet.

Gegenüber liegen die Sportplätze der Stadt Trier, die um 1920 im Bereich des ehemaligen Hofgutes Dham angelegt wurden.

Trier-Nord

Bis zum Ende des vorigen Jahrhunderts war das nördliche Vorfeld der Stadt überwiegend Freigelände; nur an wenigen Stellen hatten sich kleinere Siedlungen gebildet, so am Moselufer die Siedlung *Zurlauben* oder ein wenig weiter nordöstlich die Siedlung *Im Maar*. Ferner gab es in der Nähe der Klöster St. Maximin und St. Mergen sowie beim Stift St. Paulin Siedlungskerne. Seit der Eingemeindung dieser Vororte (1888) wuchsen sie zu einer mehr oder weniger dichten Siedlungsfläche zusammen.

Östlich der Paulinstraße, die von der Porta Nigra aus nach Norden führt und die antike Ausfallstraße bezeichnet, liegt als besondere Kostbarkeit die ehemalige ***Stiftskirche St. Paulin** (Plan S. 2/3 F1). Wie ihre Vorgängerbauten steht auch sie im Bereich des nördlichen antiken Gräberfeldes, das sich beiderseits der Paulinstraße erstreckt (Öffnungszeiten s. S. 14).

Schon im 4. Jh. sind hier nach Ausweis der Inschriften Märtyrergedächtnisse gefeiert worden. Bischof Felix (386–398) ließ zu Ehren der Muttergottes eine große Kirche (über 120 m lang) errichten, in der auch die um 400 nach Trier überführten Gebeine des hl. Paulinus bestattet wurden, der als Bischof von Trier vor dem Kaiser Constantius II. gegen die Lehre des Priesters Arius stritt. Er war im Jahr 358 in der Verbannung in Phrygien (Kleinasien) gestorben. Zusammen mit dem hl. Paulinus wurden hier nach der trierischen Überlieferung auch die Märtyrer der Thebäischen Legion und die um 286 n.Chr. hingerichteten Trierer Christen verehrt.

Reste der antiken Kirche wurden bei archäologischen Sondierungen immer wieder festgestellt. Die Felix-Kirche blieb nach mehrmaligen Renovierungen im wesentlichen bis zum Brand des Jahres 1093 bestehen. Ein neuer Bau, der unmittelbare Vorgänger der jetzigen Kirche, wurde von Papst Eugen III. im Jahre 1148 geweiht. Es war ein dreischiffiger Bau (ca. 65 m lang, ca. 36 m breit) mit kreuzförmigen Pfeilern, Chorapsis und Seitenchören. Die breit gelagerte Westfront mit ihren beiden Türmen besaß an ihren Ecken noch zwei runde Treppentürme und glich damit der Westfassade des Trierer Domes. In der Mitte war ein rechteckiger, paradiesähnlicher Vorbau vorgesetzt. 1674 wurde die romanische Stiftskirche von den französischen Truppen auf Befehl ihres Kommandanten Vignory gesprengt.

Der Bau einer neuen Kirche konnte aufgrund der finanziellen Schwierigkeiten des Stiftes erst 1734 in Angriff genommen werden. Bauherr und fast alleiniger Finanzier war der Trierer Kurfürst und Erzbischof Franz Georg von Schönborn, der zugleich auch Propst des Stiftes St. Paulin war. Obwohl die kostbare Ausstattung erst 1775 mit dem Aufstellen des Chorgitters fertiggestellt war, hatte Kurfürst und Erzbischof Johann Philipp von Walderdorff die Weihe der neuen Stiftskirche schon 1757 vorgenommen.

Über die Architektenfrage besteht noch Unklarheit; sicher ist, daß der Würzburger Hofarchitekt Balthasar Neumann ab 1744 maßgeblich an den Planungen beteiligt war und daß auf ihn der Bau des Westturmes und die Konzeption der Innenausstattung zurückgehen. Die Grundrißdisposition, die Gestaltung der Wandflächen gehen indessen auf den Architekt der Mettlacher Abteikirche, Christian Kretschmar, zurück; der Augustinerbruder Joseph Walter hatte die örtliche Bauleitung.

Der heutige Bau steht auf dem Mittelschiff des romanischen Vorgängers. Dadurch wirkt er mit seinem Westturm, dem im Äußeren schlicht gestalteten Schiff und dem etwas eingezogenen Chor in seinen Proportionen schlank und steil. Der quadratische Turm mit dem prunkvoll gestalteten Portal ist in drei Geschosse, die durch weit ausladende Gesimse voneinander getrennt sind, gegliedert. Das obere Turmgeschoß ist an den pilastergeschmückten Ecken gebrochen, so daß ein achteckiger Grundriß entsteht und an den Ecken Platz für schmückende Flammenvasen gegeben ist. Die barocke Turmhaube wurde nach dem Brand von 1817 durch den Stadtbaumeister Johann Georg Wolff durch die heutige klassizistische Turmhaube mit Laterne ersetzt.

Der Übergang vom Turm zum Schiff wird geschickt durch konkave Wandscheiben und große Voluten erreicht. Lisenenartige Pilaster gliedern über einem kräftigen Sockel die Wandflächen in hochrechteckige Felder, in die die schlanken Fenster mit ihrer eigentümlichen, für Christian Kretschmar charakteristischen Verdachung eingesetzt sind. Diese Gliederung läuft um den ganzen Bau herum. Die Farbfassung mit ihrem kräftigen Ocker und dem leuchtenden Weiß wurde 1979/80 nach Originalbefund rekonstruiert.

Das **Innere,** 1986/87 grundlegend renoviert, überrascht durch die Fülle des Lichts und die überschäumende Buntheit des Dekors. Mit Recht gehört die Paulinuskirche zu den Meisterwerken spätbarocker Kirchenbaukunst und ist für die Trierer Kunstlandschaft eine Besonderheit, die man eher im Mainfränkischen oder Süddeutschen erwartet.

Die Wände sind gegliedert in stufenförmig nach innen vortretende Pilaster mit reichdekoriertem Gebälk und den tief zurückliegenden Fensternischen, die geradezu durch die Pilaster verdeckt werden, so daß der Eintretende zwar die Helle des Raumes bemerkt, aber zunächst kein Fenster entdecken kann. Das weit ausladende Stuckgesims mit seinem üppigen Dekor kaschiert das große *Stichkappengewölbe,* das mit reicher Freskomalerei bedeckt ist. Die Malereien des Augsburger Malers Christoph Thomas Scheffler waren 1743 vollendet. Die Stuckarbeiten führte Joseph Arnold aus, während die Bildhauerarbeiten von Ferdinand Tietz stammen.

Die ersten beiden *Deckenbilder* über dem durch ein schmiedeeisernes Chorgitter abgeschlossenen Hochchor sind jeweils durch Gurtbögen gerahmt und zeigen im Hauptfeld Szenen aus dem Leben des hl. Paulinus (Paulinus vor dem Kaiser Constantius II., Himmelfahrt und Verherrlichung des hl. Paulinus). In den Zwickeln dieser beiden Joche sind weitere Szenen aus der Heiligenvita dargestellt. Den Übergang zum Langhaus schmückt das Wappen des Bauherrn Franz Georg von Schönborn. Die Langhausmalereien zeigen als zentrales Bild die über zwei Joche reichende Darstellung des Einzugs der trierischen Märtyrer in die Herrlichkeit vor den Thron Gottes.

Das Bild über der Orgelempore berichtet von dem Martyrium der Heiligen. Über dem Choraufgang ist das als Lebensbaum dargestellte Kreuz Christi zu sehen. Zu

Füßen des Kreuzes ist ein aufgeschlagenes Buch, vor dem Heilige und die sich von links nähernden trierischen Märtyrer, angeführt von Kaiser Konstantin und seiner Mutter Helena, gegenüber dem Gekreuzigten den Treueid leisten. Rechts sind als Christenverfolger Kaiser Maximinian und sein Statthalter Rictiovarus dargestellt und versinnbildlichen das Böse.

Die früher in St. Paulin hängenden Ölgemälde des Lütticher Malers Ludwig Counet (1711–14) wurden nach der Innenrenovierung der Kirche im Bischöflichen Museum deponiert. Sie hingen einst in der 1803 abgebrochenen Pfarrkirche St. Walburgis. Die Predigt des hl. Paulinus (neben der Kanzel) stammt von Chr. Th. Scheffler. *Hochaltar* und *Orgelempore* sind von Balthasar Neumann entworfen und von Ferdinand Tietz ausgeführt worden, der auch das reich geschnitzte *Chorgestühl* gefertigt hat. Die *Orgel* stammt von R. B. Nollet (1756). Das Werk wurde im Laufe der Zeit mehrfach verändert. 1991/92 restaurierte die Bonner Orgelbaufirma J. Klais die Pauliner Orgel. *Kanzel* und *Seitenaltäre* wurden Anfang des 19. Jh.s aus dem aufgelösten Zisterzienserkloster Himmerod (Eifel) erworben. *Beichtstühle* und *Bankwangen* gehören zum ursprünglichen Inventar.

Der Abgang zur *Krypta* ist beiderseits des Choraufganges möglich. Die dreischiffige, 1738 erneuerte Krypta befindet sich an derselben Stelle wie ihre romanische Vorgängerin. In der Mitte des östlichen Teiles steht der Sandsteinsarkophag, der den Zedernholzsarg des hl. Paulinus enthält. Ringsum werden die Gebeine der trierischen Märtyrer verehrt. Die kostbaren Steinaltäre sind Werke des Bildhauers Grauer. Die Farbfassung wurde 1976/77 restauriert.

An der Südseite der Kirche befinden sich die *Sakristei* und die 1972 eingerichtete *Werktagskirche*, die in ihrem Mauerkern noch Überreste der älteren Kirchenbauten enthält.

Bemerkenswert ist auch die auf dem Friedhof stehende, zweistöckige *St. Michael/St. Mauritiuskapelle* (Marterkapelle). Das barocke, um 1700 erneuerte Obergeschoß dient seit 1952 als Friedhofskapelle. Das Untergeschoß zeigt noch den Bestand des 11. Jh.s (Weihe 1088) und weist zwei quadratische Räume auf, von denen der südliche kreuzgratgewölbt ist, während der nördliche eine Ostapsis und Wandnischen besitzt; der Mittelteil dieses Raumes ist mit einer Kuppel überdeckt. 1942 wurde das Untergeschoß freigelegt und 1952 zugänglich gemacht.

Vom Stiftsbering sind im Umkreis der Paulinuskirche nur noch wenige Kurienhäuser erhalten. Bemerkenswert ist die in den letzten Jahren wiederhergestellte Kurie aus der Louis-Seize-Zeit (Balthasar-Neumann-Straße).

Auf dem Freiplatz ist vor der Kirche ein *Säulenkreuz* auf Stufensockel erhalten, das nach seiner Inschrift (ME PIVS EXSTRVXIT CVONO REMIGIVS DEDICAVIT = Mich hat der fromme Cuono errichtet, Remigius hat mich geweiht) im 11. Jh. von Stiftspropst Cuono als Immunitätskreuz errichtet wurde. Später galt es als Märtyrerkreuz und wurde auch von Scheffler in seinem Deckengemälde dargestellt. Die formalen Ähnlichkeiten zu dem 958 errichteten Kreuz auf dem Trierer Hauptmarkt sind unübersehbar.

Unweit von St. Paulin befindet sich ebenfalls im Bereich des nördlichen Gräberfeldes der antiken Stadt die Kirche der ehemaligen Reichsabtei **St. Maximin** (Plan S. 2/3, E2).

Nach trierischer Tradition gründete sich die Abtei auf eine Schenkung Kaiser Konstantins, dem hier eine Villa gehört haben soll. Ein nordöstlich der Kirche ergrabenes Gebäude wird gelegentlich als Rest einer palastartigen, suburbanen Villa gedeutet. Im Laufe des 4. Jh.s entstand im Zusammenhang mit Bestattungen eine recht große 'Coemeterialbasilika'. Durch umfangreiche Grabungen gelang bis 1987 die Freilegung dieser großen Gräberkirche, die mit den Coemeterialkirchen Roms durchaus verglichen werden kann. Die Überlieferung nennt den Bischof Agritius (312–332) als Erbauer dieser Kirche, in der er und sein Nachfolger Maximinus beigesetzt wurden.

Im 7. Jh. wurden die Gebeine des hl. Maximinus in einer neuen Krypta beigesetzt. Auch andere trierische Bischöfe, u.a. auch Nicetius (525–566), fanden hier ihre Grabstätte. Der Normannenüberfall des Jahres 882 zerstörte auch die frühmittelalterliche Kirche und Krypta von St. Maximin. Mit der Einführung der Klosterreform von Gorze erlebte die Benediktinerabtei einen neuen Aufschwung, die auch zum ottonischen Neubau führte (Weihen 942, 949 und 952). Der figürlich verzierte Sarkophag des hl. Maximin aus dem 4. Jh. befindet sich seit 1992 wieder in der Krypta.

Kunsthistorisch bemerkenswert ist die durch Grabungen erforschte zweigeschossige *Außenkrypta,* die für viele jüngere Anlagen Vorbild war. Beim Bau der ottonischen Kirche war im Mittelbereich der älteren Krypta durch die Fundamente der Chorapsis ein tonnengewölbter Raum abgetrennt worden, so daß monumentale Wandmalereien verbaut wurden und dadurch weitgehend erhalten blieben, bedeutende Zeugnisse spätkarolingischer Monumentalmalerei. Sie wurden 1917 entdeckt und 1936/37 freigelegt. (Das Kreuzigungsfresko und Sockelmalereien mit Darstellungen von Märtyrern befinden sich heute im Bischöflichen Museum, Trier).

Die ottonische Kirche wurde nach einem Brand im 13. Jahrhundert weitgehend erneuert (Weihe 1245). Im Zusammenhang mit der Belagerung der Stadt durch Franz von Sickingen 1522 wurde dieser Bau teilweise, 1552 dann endgültig zerstört und von 1582–1624 wiederaufgebaut. Eine neue, totale Zerstörung von Kirche und Kloster brachte das Jahr 1674 durch die Franzosen. Unter dem Abt Alexander Henn (1680–98) erfolgte der Bau der noch heute erhaltenen Kirche nach den Plänen des Baumeisters Hans N. Kuckeisen. Die 80 m lange, dreischiffige Kirche war 1684 vollendet. Nach der Auflösung des Klosters (1802) wurde die Kirche ab 1815 mit Innengeschossen versehen und als Kasernenbau auch im Äußeren umgestaltet. (Ausbruch der Kirchenfenster, teilweiser Abbruch der Westtürme). Der östliche Teil der Kirche wurde um 1870 auf Anordnung König Friedrich Wilhelms IV. wieder als katholische Garnisonskirche genutzt. Nach der Kasernennutzung diente der westliche Teil der Maximinkirche bis 1975 als Schulgebäude. Seit Ende der 1970er Jahre sind umfangreiche Renovierungsarbeiten im Gange, die wenigstens im Äußeren den ehemaligen Zustand wiederherzustellen suchen. Die Fenster wurden in ihren originalen Maßen rekonstruiert, wobei im östlichen Teil die neugotischen Fenster des 19. Jh.s, die dem Original nicht entsprachen, ausgebrochen wurden. In den Chorapsiden blieben die neugotischen Fenster jedoch erhalten.

Abgesehen von dem durch die mittelalterlichen Vorgängerbauten bestimmten Grundriß folgt der Außenbau durchaus dem auch sonst üblichen Formenkanon des 17. Jh.s, während im Innern das Schema einer kreuzrippengewölbten gotischen Basilika mit spitzbogigen Scheidbögen angewandt ist. Damit gehört die Maximinkirche zu einer Gruppe 'posthum gotischer' Kirchen (vgl. Salvatorkirche Prüm, St. Markus in Wittlich), die eine konservative Richtung in der Kirchenbaukunst des 17. Jh.s bezeugt.

Vom *Abteibereich*, der ehemals in der Form eines Rundlings angelegt war, blieb kaum etwas erhalten. Die späteren Kasernenbauten, von denen in der Nachbarschaft der Maximinkirche Teile erhalten sind, und neue Verkehrsführungen zerstörten vieles. Von der Umgrenzung des Klosterbereiches ist westlich vor der Kirchenfassade noch ein Bogentor mit Wappenschild erhalten. Nordöstlich der Kirche blieb im heutigen Klosterbereich der Vinzentiner noch ein barocker Gartenpavillon mit geschwungener Dachhaube stehen (Ecke Schöndorferstraße/Reichsabtei). Von dem reichen Figurenschmuck des Abteigebäudes haben sich im Garten der Vinzentiner noch einige Figuren erhalten; andere stehen heute im Städtischen Museum Simeonstift.

Am Verteilerring, der nördlichen Einfahrt Triers, liegt der Park **Nells Ländchen.** Die Parkanlage im sogenannten holländisch-englischen Stil wurde in den Jahren 1793–1801 angelegt, nachdem der Kanonikus Nikolaus Nell († 1807) an dieser Stelle aus klösterlichem Besitz mehrere brachliegende und sumpfige Grundstücke erworben hatte. Sie wurden entwässert und von dem Gärtner Gotthard von St. Paulin in eine idyllische ländliche Anlage mit Wasserläufen, Teichen, kleinen Inseln und malerischen Baumgruppen verwandelt.

Dazwischen waren zahlreiche kleine, pavillonartige Gebäude, 'Einsiedeleien, zierliche Brücken' und eine kleine Mühle sowie Treibhäuser und Wirtschaftsgebäude errichtet worden, so daß die Anlage nicht nur als romantischer Garten benutzt wurde, sondern auch in ihr 'das Nützliche mit dem Angenehmen gepaart' war. 1939 erwarb die Stadt Trier das damals verwahrloste Gelände und erweiterte es in den folgenden Jahren. Nach dem Kriege diente der Park jahrelang als militärisches Übungsgelände und ist erst seit 1954 wieder öffentlich zugänglich.

Von den alten Gartengebäuden sind neben einem Teil des *ehemaligen Herrenhauses*, in dem sich heute ein Café-Restaurant und ein Hotel befinden, die zu einer *Orangerie* umgebauten Stallungen mit Spolien gotischer Bauten sowie die kleine *Mühle* noch erhalten. Der im östlichen Teil des Gartens neben der Orangerie errichtete *kleine*

Gartenpavillon gehört nicht zum ursprünglichen Baubestand (ehemals im Besitz der Familie Rautenstrauch). Ein *Obelisk* mit Inschrift erinnert an den Schöpfer dieses Gartens. Alljährlich finden heute hier die *'Trierer Blumentage'* mit zahlreichen Veranstaltungen und Ausstellungen statt.

Die Stadtteile westlich der Mosel: Trier-West, Pallien, Biewer und Pfalzel

Trier West

Die von Westen nahe an die Mosel herantretenden Sandsteinfelsen lassen teilweise nur einen schmalen Uferstreifen übrig, der sich aber sowohl nach Süden in die Eurener Flur, als auch nach Norden im Bereich des Mündungsgebietes der Kyll aufweitet. Zwischen der Römerbrücke und der Kaiser-Wilhelm-Brücke (Neue Brücke) liegt der Stadtteil Trier-West.
Schon in vorgeschichtlicher Zeit und erst recht während der römischen Epoche war auch das westliche Moselufer besiedelt.

So lag südwestlich der Römerbrücke im Bereich des sog. Irminenwingerts ein Stammesheiligtum der Treverer; im 2. Jh.n.Chr. entstand hier ein großer *Lenus-Mars-Tempel.* Weiter nördlich, etwa zwischen Römerbrücke und der Neuen Brücke, ist der *Vicus Voclanionum* inschriftlich bezeugt, zu dem auch ein großes Brand- und Skelettgräberfeld gehört, das bis in die Spätantike belegt wurde. Der Vicus lag am Aufstieg der alten Römerstraße, die heute noch schräg am Steilhang hochführt und den Kamm der Sandsteinfelsen erreicht. Es war die wichtige Römerstraße quer durch die Eifel nach Köln. Noch 1722 hatte der Kurfürst Ludwig von Pfalz-Neuburg diese Straße erneut ausbauen lassen, ehe 1804 von dem französischen Straßenbauingenieur Gautarel weiter nördlich eine neue, etwas leichter zu befahrende Straße angelegt wurde, die den kleinen Taleinschnitt des Pallierer Baches zu einem sanfteren Aufstieg ausnutzt.

Über die alte *Römerstraße* gelangt man zu dem rötlich verputzten Gebäudekomplex des sogenannten **Rudolphinums** (Plan S. 2/3, A1), das 1929/30 von dem Trierer Bischof Franz Rudolph Bornewasser als neues Seminargebäude zur Priesterausbildung errichtet wurde und seit 1969 die *Katholische Akademie* beherbergt.

Auf dem höchsten Punkt der Sandsteinfelsen steht die sogenannte **Mariensäule,** ein 40 m hoher turmartiger Pfeiler mit bekrönender Marienstatue. Dieses Denkmal, das die Stadt überragt, wurde in Erinnerung an die Verkündigung des Dogmas der Unbefleckten Empfängnis Mariens mit Hilfe von Spendengeldern der Trierer Bürger errichtet und am 8. Oktober 1866 eingeweiht.
Ein wenig weiter südlich liegt auf dem Felsen die kleine Ansiedlung **Markusberg** mit der kleinen Markuskapelle.

Pallien

Zu Füßen des westlichen Brückenkopfes der 1913 eingeweihten *Kaiser-Wilhelm-Brücke* liegt der Stadtteil Pallien mit der malerischen alten Palliener *Kirche,* einem einfachen Saalbau mit schlichtem Dachreiter. Die 1768 erbaute und 1881 nach Westen erweiterte Kapelle besitzt noch Teile ihrer ursprünglichen Barockausstattung.

Schräg gegenüber der Kapelle liegt auf der anderen Seite des Palliener Baches der sogenannte *Martiner Hof*, den 1752 die Abtei St. Martin als Hofgut errichten ließ. Das wappengeschmückte Portal des Gebäudes zeigt noch die ehemaligen Besitzverhältnisse an.

Auf dem Felsplateau oberhalb Palliens liegt der Gebäudekomplex des *Schneidershofes*, der, ehemals als Pädagogische Hochschule gebaut, heute die Fachhochschule des Landes Rheinland-Pfalz beherbergt. In unmittelbarer Nähe des Schneidershofes steht das bis zur Säkularisation der Benediktinerabtei St. Mergen gehörende und heute als Forsthaus genutzte *Drachenhaus*, von dem viele schöne Wanderwege in das Naherholungsgebiet der Stadt (Weißhauswald, Biewer-Tal, Kockelsberg mit seinem Café-Restaurant) ausgehen. Das *Weißhaus* auf den Rotsandsteinfelsen über Pallien hatte 1813 der damalige Oberbürgermeister Haw erworben und ausgebaut. 1862 kaufte es Prinz Heinrich von den Niederlanden und gestaltete es als Jagdhaus um. 1879 gelangte der Besitz an den Städtischen Weißhausverein und schließlich an die Stadt selbst, die das Weißhaus um 1900 zu einem Restaurant und Ausflugslokal einrichtete.

Biewer

Vom *Weißhaus* führt auf dem Kamm der Rotsandsteinfelsen ein schöner Wanderweg zu dem Vorort Biewer. Am Ortseingang befindet sich rechts der am Moselufer vorbeiführenden Straße das ehemalige, schon im Jahre 1283 genannte *Leprosenhaus St. Jost* mit seiner einfachen Kapelle aus der Mitte des 18. Jh.s.

Pfalzel

Der nordöstlich von Biewer gelegene und 1969 eingemeindete Vorort liegt in der Nähe des Trierer Hafens, dort, wo sich der westliche Uferstreifen im Bereich des Mündungsgebietes der Kyll zu einer breiten Talaue ausdehnt. Von Trier erreicht man den Vorort Pfalzel am besten über die westliche Uferstraße (B 53) von der Neuen Brücke in Richtung Biewer-Ehrang und biegt hinter Biewer nach rechts, dem Hinweisschild nach Pfalzel folgend, ab.

Der Name des Ortsteils leitet sich von dem lateinischen Wort 'palatiolum' (= kleine Pfalz, kleiner Palast) ab. In der Mitte des 4. Jh.s n.Chr. war hier auf hochwasserfreiem Gelände eine befestigte *Palastanlage* (65 x 56 m) entstanden, von der noch heute im Bereich der ehemaligen Stiftskirche und den sie umgebenden Häusern beträchtliche Bauteile erhalten sind. Es handelte sich einst um einen vierflügeligen

Bau, der um einen rechteckigen Innenhof mit Umgängen angeordnet ist. Vorspringende Eck- und Mitteltürme belebten die Fassaden. Im Hauptgeschoß der dreistöckigen Anlage waren die Türme durch laubenartige Loggien untereinander verbunden. Reich dekorierte Fußbodenmosaike und kostbare Wandmalerei schmückten den Bau, zu dem auch eine Badeanlage gehörte. Unter Kaiser Valentinian I. wurde diese befestigte Palastanlage um 370 n.Chr. umgebaut. Es wurde nicht nur die Innenausstattung erneuert, indem man über die Bodenmosaike Plattenböden legte und die Wandmalereien durch Marmorvertäfelungen ersetzte, sondern vor der Südfassade mit dem Haupteingang entstand ein die Zufahrtstraße flankierendes Kasernengebäude, von dem oberirdisch keine Reste mehr erhalten sind.

Durch seine kompakte und solide Bauweise überstand das Hauptgebäude die Zerstörungen des 5. Jh.s scheinbar ohne größeren Schaden. Im Gütertausch erwarb um 690 n.Chr. Adela, die Tochter der Äbtissin Irmina von Oeren, den Gebäudekomplex und begründete hier ein adliges Damenstift. In der Südostecke des römischen Gebäudes wurde ohne große Bauänderung unter Ausnutzung der vorhandenen Räume eine kleine kreuzförmige Kirche eingerichtet, die heute noch in der Stifts- und Pfarrkirche weiterlebt.

Um das Jahr 1027 wandelte der Trierer Erzbischof Poppo das wohlhabende Damenstift in ein Kanonikerstift um, das bis zur Säkularisation bestand. Zugleich wurde über der südlichen Hälfte des Römerbaues die erzbischöfliche Burg errichtet; diese Arbeiten wurden hauptsächlich unter Erzbischof Albero (1131–1152) ausgeführt, der auch mit dem Stadtmauerbau Triers begonnen hatte. Fortan diente Pfalzel dem Trierer Erzbischof nicht nur als Sommerresidenz, sondern gelegentlich auch als sicherer Zufluchtsort während verschiedener Auseinandersetzungen mit der Trierer Bürgerschaft. Erzbischof Johann von Metzenhausen (1531–1540) hat schließlich Stift und Burg mit einer bastionenbewehrten Wallanlage zusätzlich sichern lassen, von der trotz ihrer teilweisen Zerstörung durch die Franzosen in den Jahren 1673/74 noch große Teile erhalten sind. Die zugehörige Siedlung mit der alten Pfarrkirche St. Martin lag, nur von einer einfachen Mauer geschützt, südwestlich vor dem Stiftsbering.

Nachdem 1802 die **Stiftskirche** und die dazugehörigen Stiftsgebäude im Zuge der Säkularisation meistbietend versteigert worden waren, wurden die Gebäude abgerissen, teils umgebaut und als Wohnungen und Scheunen genutzt. 1927 entschloß man sich, die alte Stiftskirche wieder freizulegen und die zerstörten Teile wieder aufzubauen. Die ungünstigen wirtschaftlichen und politischen Verhältnisse verhinderten zunächst dieses Vorhaben. Erst 1962 konnte die Stiftskirche als neue Pfalzeler Pfarrkirche geweiht werden.

Der Besucher betritt heute die Stiftskirche über einen kleinen gepflasterten Vorplatz mit einem Abguß des spätgotischen Kirchhofkreuzes, dessen Original (16. Jh.) in der 1527 erbauten *Nikolauskapelle* aufgestellt ist, die hinter der Stiftskirche, näher zur Mosel gelegen ist.

Schon am Außenbau der Stiftskirche sind, wie auch an dem nördlich der Kirche befindlichen Haus (Stiftsplatz 3), die römischen Mauerteile und Ziegelbögen erkennbar. 1961/62 wurde der Südflügel als dreischiffiger Kirchenraum neu aufgebaut. Das Innere der Stiftskirche hat im Grunde die Schlichtheit des ursprünglichen Kirchenbaues der Adela bis heute bewahrt.

Die durch Rundbogenblenden und Lisenen gegliederte Apsis sowie die beiden seitlichen tonnengewölbten Chorkapellen wurden im Laufe des 11. Jh.s hinzugefügt; erst nach 1223 erhielt der zunächst nur flach gedeckte Bau sein Kreuzrippengewölbe. Von der 1468 errichteten *Marienkapelle* ist heute im Neubauteil nur noch die kleine Apsis erhalten.

Östlich der Kirche liegen die *ehemaligen Stiftsgebäude,* die unter Erzbischof Richard von Greiffenklau (1511–31) errichtet worden waren. Erhalten sind Teile des Kreuzgangs und der moselseitige Flügel des Stiftsgebäudes mit der Petruskapelle. Heute gehören diese Gebäudeteile zu einem Gastronomiebetrieb ('Pfalzler Klosterschänke').

Wenige Schritte davon entfernt befindet sich an der Mosel die noch gut erhaltene, aus roten Sandsteinquadern gefügte Eckbastion der ehemaligen Befestigungsanlage, die reizvoll von einem Gartenpavillon des 18. Jh.s bekrönt ist (1991 restauriert).

Von der *ehemaligen Erzbischöflichen Burg* sind westlich der Stiftskirche in der Wohnbebauung Pfalzels überall noch Mauerteile mit gotischen Fenstern erkennbar. Vom Zugang der Burg ist noch der westliche Torturm mit dem Wappen des Erzbischofs Johann von Baden erhalten.

Unter den zahlreichen alten Häusern Pfalzels, die noch größtenteils ihre alte Struktur bewahrten, sind besonders das ehemalige *Kurtrierische Amtshaus* aus dem 16. Jh. sowie der spätgotische Bau des einstigen *Gerichtshauses* bemerkenswert.

Die alte *Pfarrkirche* des Dorfes Pfalzel, westlich vor dem Stiftsbezirk gelegen, ist 1771 als Ersatz für eine ältere noch bis in fränkische Zeit zurückreichende Martinskirche erbaut worden.

Quint

Zur Bundesstraße 53 wieder zurückgekehrt, gelangt man über den Vorort Ehrang nach wenigen Kilometern nach Quint. Dieses Dorf hat seinen Namen vom fünften Meilenstein (ad quintum lapidem) der von Trier zum Rhein führenden Römerstraße. (Das weiter moselabwärts gelegene Detzem entspricht dem zehnten römischen Meilenstein). In Quint befindet sich noch eine 1760 errichtete dreiflügelige *Schloßanlage.* Sie war einst das Wohn- und Verwaltungsgebäude der 1683 durch Franz von Pidoll begründeten Quinter Eisenhütte und zeugt noch heute von der ehemals weit über Trier hinaus bedeutenden Eisengießerei. Seit 1985 ist hier das mit der Universität Trier zusammenarbeitende 'Institut für Arbeitsrecht und Arbeitsbeziehungen in der Europäischen Gemeinschaft' untergebracht.

Eurener Flur, Zewen und der Ort Igel

Euren

Wer sich, über die Römerbrücke kommend, auf dem westlichen Moselufer nach Süden in Richtung Luxemburg wendet, kommt zuerst zu dem Trierer Vorort Euren.
An der Stelle der neugotischen *Pfarrkirche St. Helena,* die in den Jahren 1874–82 erbaut wurde, befand sich ursprünglich eine reich mit Mosaikböden ausgestattete Römervilla. Die trierische Überlieferung sah in ihr ein Domizil der konstantinischen Kaiserfamilie. Schon im 7. Jh. entstand hier eine Kirche, die im 11. Jh. erneuert wurde. Der neugotische Bau wurde 1975 restauriert und besitzt neben der wiederhergestellten Innenausmalung einen bemerkenswerten neugotischen Schnitzaltar, der ehemals in der Abteikirche St. Matthias stand. Kunsthistorisch bedeutsam sind das große Triumphkreuz (um 1320) und die Steinmadonna aus dem 14. Jh.
Kurz vor dem Ortseingang Trier-Zewen zweigt von der Hauptstraße (B49) zur Mosel hin eine Seitenstraße zum **Schloß Monaise** und dem dort liegenden Trierer Campingplatz ab. Das kleine Lustschlößchen Monaise (= meine Muße) wurde in den Jahren 1779–83 für den Trierer Dompropst Philipp Franz Wilderich Nepomuk von Walderdorff als Sommersitz gebaut. Architekt war der Franzose François Ignace Mangin, der auch in Mainz vielfach tätig war.

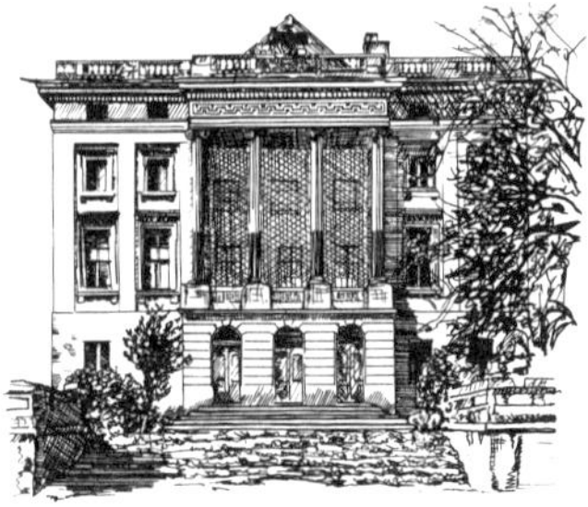

Man nähert sich heute dem Gebäude, das derzeit noch in einem verwahrlosten Zustand liegt, von Westen und sieht zunächst die Hinteransicht. Das im Umriß außerordentlich kompakt wirkende und hoch aufragende viergeschossige Haus steht auf einer rechteckigen Terrasse, die von Balustraden mit kleinen Eckpavillons eingefaßt ist. Nach Osten hin gewährt eine von Sphingen flankierte Freitreppe Zugang in das ehemals hier liegende Gartenparterre. Von den Gartenarchitekturen hat sich unweit des Hauptgebäudes noch ein kleiner Rundtempel erhalten.
Über einem hohen Sockelgeschoß mit glatten Wandflächen und einfachen Fenstern ohne vorstehende Gewände erhebt sich die Beletage mit zwei übereinanderliegenden Fensterreihen, die durch glatte Lisenen jeweils zu einer Fensterachse zusammengefaßt sind. Die Langseiten des Gebäudes zählen sieben Fenster-

achsen, von denen auf der Rückseite (Westseite) die mittleren 3 Fensterachsen risalitartig vortreten; die Schmalseiten besitzen nur 3 Fensterachsen. Auf der zur Stadt hin gerichteten Hauptfront zieren vier Kolossalsäulen ionischer Ordnung die Gebäudemitte. Hier zeigt der Gebäudesockel einc Quaderung mit drei Rundbogenportalen. Die Säulen tragen ein reich dekoriertes Gebälk und bilden zugleich eine weiträumige Loggia, die ein Drittel der Gebäudebreite einnimmt.

Die unscheinbaren Fenster des Kniestockes befinden sich in der Frieszone der Hausfassade, die zum Dach hin von einer Balustrade bekrönt wird. Sie verdeckt fast ganz das niedrige Dach, dem nur in der Mitte eine zwiebelförmige Haube aufgesetzt ist. Über der Loggia in der Balustrade eine Inschrifttafel mit dem Wahlspruch des Erbauers: OTIUM CUM DIGNITATE (= Muße mit Würde). Darüber halten zwei Löwen einen Wappenschild.
Das Innere des Hauses, das nicht zugänglich ist, besitzt noch die ursprüngliche Raumdekoration. Der Architekt hat mit diesem kleinen Villenbau ein bedeutendes Denkmal der Louis-Seize-Zeit geschaffen. Typologisch läßt sich Monaise über englische Landhäuser auf die Bauten Palladios zurückverfolgen. Es ist der letzte größere Bau, den das kurfürstliche Trier hervorbrachte.

Zewen

Bei der Fahrt durch den Vorort Zewen bemerkt man am westlichen Ortsausgang an der Hauptstraße einen ehemaligen *Zollturm,* der im 15. Jh. an der Grenze zwischen dem Kurstaat Trier und dem Luxemburger Territorium erbaut wurde. In späteren Zeiten wurde der Turm als Wohnhaus genutzt.

Igel

Neun Kilometer von Trier moselaufwärts liegt auf der linken Moselseite, schon außerhalb der Stadtgrenze, der kleine Ort Igel (1992: 2200 Einwohner).
In der Ortsmitte befindet sich unterhalb der auf dem Rotsandsteinfelsen stehenden alten Kapelle die sogenannte ***Igeler Säule.** Das aus großen Sandsteinquadern gefügte Denkmal gehört zum Typ der Pfeilergrabmäler und wurde von der durch den Tuchhandel reich gewordenen Familie der Secundinier unweit ihrer Villa aufgerichtet. Das aus der Mitte des 3. Jh.s n.Chr. stammende Grabmal ist etwa 23 m hoch und erhebt sich auf einem 4 m hohen Stufenunterbau. Schon diese

Stufen tragen reichen Reliefschmuck, der durch Verwitterung jedoch kaum mehr zu erkennen ist.

Die *Sockelzone* zeigt auf allen vier Seiten Szenen, die mit dem Tuchhandel zu tun haben. Das Hauptgeschoß ist an den vier Ecken durch Pilaster eingerahmt. Auf der der Straße zugewandten Südseite ist eine Abschiedsszene dargestellt und eine Inschrift angebracht, die die Familienmitglieder nennt. Die übrigen Bildseiten des Hauptgeschosses bringen mythologische Szenen, die alle Apotheosegedanken und die Überwindung des Todes zum Thema haben.

Die *Frieszone* zeigt ringsum Szenen aus dem täglichen Leben: Familienmahl, Bilder aus der Küche, Abgaben zahlende Pächter und Transporte der Waren. Die Reliefs der Attika haben die gleiche Thematik. Selbst die vier *Giebelfelder* zeigen noch Reliefs, diesmal Götter und mythologische Gestalten.

Das geschuppte Dach krönt ein mächtiges *Kapitell,* auf dem ein Pinienzapfen aufsitzt. Darauf ist in Resten der Adler des Jupiter erhalten, der den Ganymed als Mundschenk der Götter in den Olymp entführt. Auch dies ist wiederum ein Symbol der von den Verstorbenen erhofften Unsterblichkeit.

Die Igeler Säule verdankt ihre einzigartige Erhaltung der mittelalterlichen Legende, die dieses Denkmal mit der hl. Helena in Verbindung brachte. Es läßt die Gestalt der großen Grabdenkmäler des römischen Trier erahnen, von denen unzählige Quader – als die Neumagener Grabdenkmäler bekannt – im Rheinischen Landesmuseum aufbewahrt werden. Wegen der ausführlichen Schilderung der Szenen aus dem täglichen Leben sind diese Denkmäler für die Kenntnis der antiken Kultur von hervorragender Bedeutung.

Auch Johann Wolfgang Goethe hatte 1792 auf der 'Kampagne in Frankreich' hier haltgemacht und sich die Igeler Säule angesehen. Vor allem beeindruckten ihn die Reliefszenen, so daß er in seinem Bericht schrieb: 'Hier stehen Eltern und Kinder gegeneinander, man schmaust im Familienkreise; aber damit der Beschauer auch wisse woher die Wohlhäbigkeit komme, ziehen beladene Saumrosse einher, Gewerb und Handel wird auf mancherlei Weise vorgestellt.'

GLOSSAR

Archivolte	1. Bogenlauf über romanischen und gotischen Portalen. 2. Bandartige, von der Mauerwand abgesetzte Einfassung eines Rundbogens.
Apsis, Apside	(griech. Rundung, Bogen) Halbrunder oder vieleckiger (polygonaler) Raum, der einem übergeordneten Raum ein- oder angebaut ist. Im Profanraum diente die Apsis oft als Thronnische, im Kirchenraum meist zur Aufstellung des Altares.
Apsidenraum	Rechteckraum mit angesetzter Apsis.
Arkade	(lat. Bogen) Bogen über Säulen oder Pfeilern, auch fortlaufende Reihe mehrerer Bögen.
Atrium	1. Hauptraum im römischen Wohnhaus. 2. Vorhof der altchristlichen Basilika.
Attika	Mauerstreifen über dem Hauptgesims eines Gebäudes, der meistens den Dachansatz verdecken soll, oder niedriges Obergeschoß.
Balustrade	Aus Balustern (Säulchen oder anderen Stützelementen) gebildetes Geländer.
Baptisterium	Taufkirche, später auch Taufkapelle.
Basilika	(griech. Königshalle) Urspr. römische Markt- und Gerichtshalle, Vorbild für die bedeutendste Form des christlichen Kultraumes: mehrschiffige, flachgedeckte (später eingewölbte) Halle, deren (zumeist drei oder fünf) Schiffe von Pfeilern oder Säulen getrennt werden. Das erhöhte Mittelschiff besitzt eigene Fenster.
Beletage	(frz. schönes Geschoß) Hauptgeschoß eines Gebäudes (meistens das erste Stockwerk).
Bering	Äußere Mauer eines Klosters oder einer Burg.
Blendarkade	Bogen, der keine Maueröffnung überbrückt, sondern der geschlossenen Wand vorgeblendet ist. Dekoratives Mittel zur Wandgliederung.
Caldarium	Warmbadesaal in römischen öffentlichen Badeanlagen (Thermen).
Chor	Für das Gebet des Geistlichen bzw. der Mönche bestimmter Platz in der Kirche, auch Hochaltarraum einer Kirche.
Chorschranken	Trennung zwischen dem den Klerikern vorbehaltenen Chor und dem den Laien zugänglichen Kirchenraum.
Coemeterialkirche	Frühchristliche Friedhofs- oder Begräbniskirche, 4.–6. Jh., als die Toten noch in den Kirchen (nicht außen herum) bestattet wurden.
Dendrochronologie	Methode zur Altersbestimmung von Holz mittels der Jahresringe.
Dienst	Rundstab, Säulchen an Wand oder Pfeiler zur Aufnahme der Gurte und Rippen eines Kreuzrippengewölbes.
Dormitorium	(lat. Schlafsaal) Schlafsaal in einem Kloster.
Dreipaß	Gotische Maßwerkform aus drei ineinandergeschobenen Kreissegmenten.
Epitaph	Gedenktafel bzw. Gedächtnismal mit Inschrift an Pfeiler, Säule oder Wand, oft über dem Grab des Verstorbenen.

Fiale Schlankes, niedriges, spitz auslaufendes Türmchen in der gotischen Baukunst.

Gewände Schräger Mauereinschnitt eines Fensters oder eines Portals, teilweise mit Figurenschmuck.

Gurte Dekorativer Verstärkungsbogen, der zwei Gewölbejoche voneinander trennt.

Intarsia (-ien) Einlegearbeiten in Holz, Stein und anderen Materialien, die zu figürlichen oder ornamentalen Mustern zusammengesetzt werden.

in situ An Ort und Stelle.

Joch Gewölbefeld eines Bauwerks zwischen je zwei Pfeilern in einem gewölbten, mit Stützen gegliederten Raum (vor allem im Kirchen- und Brückenbau).

Kapitell Kopfstück einer Säule oder eines Pfeilers.

Kapitelsaal Raum in einem Kloster, meist am Ostflügel des Kreuzgangs, für die nicht in der Kirche stattfindenden Versammlungen.

Konsole Aus der Mauer vortretender Tragstein (für Bögen usw.).

Kurien Wohnungen der Domgeistlichen.

Kreuzgewölbe Gewölbeform, die mittels der Durchdringung zweier Tonnen entsteht. Die Hauptlast des Gewölbes wird dabei auf die Eckpunkte (Stützen) übertragen, die Wand wird entlastet. Beim Kreuzrippengewölbe treten an die Stelle der Grate (Durchdringungslinien) Rippen.

Krypta Zumeist unter dem Chor einer Kirche gelegener Raum, der sich aus dort angelegten Grabstätten von Märtyrern oder Kirchengründern entwickelte.

Laterne Kleiner, durchfensterter, runder oder vieleckiger (polygonaler) Aufbau, der den oberen Abschluß einer Kuppel bildet.

Lettner Trennelement, meist halbhohe, durchbrochene und gegliederte Mauer, zwischen dem Chor der Priester und Mönche und dem Mittelschiff (Laien) in Dom-, Kloster- und Stiftskirchen mit einer vom Chor aus zugänglichen Bühne zur Verlesung des Evangeliums.

Loggia Offene, gewölbte Halle auf Säulen oder Pfeilern.

Mansarddach Dach, das zur besseren Nutzung des Dachraumes in einen unteren, steileren und einen oberen, flacheren Abschnitt unterteilt ist.

Maßwerk 'Gemessenes' Bauornament der Gotik, dient zunächst zur Unterteilung der Fensterflächen, dann auch zur Wandgliederung, bei Brüstungen usw.

Mensa Altar oder Platte eines Altartisches.

Netzgewölbe Gewölbeform, bei der die Rippen netzförmig eine tonnenartige Wölbung überziehen.

Obergaden Wandabschnitt mit Fenstern über den Mittelschiffarkaden einer Basilika, Lichtquelle für das Mittelschiff.

Pilaster Flacher Wandpfeiler, dessen Gestaltung den Säulenordnungen folgt.

Podiumstempel Tempel auf einem hohen Unterbau mit Treppe.

Portikus Offener Vorbau auf Säulen oder Pfeilern an der Hauptfront eines Gebäudes.

Postament Unterbau bzw. Sockel eines Standbildes oder einer Säule.

Refektorium Speisesaal in einem Kloster.

Reliquiar Behälter für die sterblichen Überreste (Reliquien) eines Heiligen oder andere, seinem Gedenken dienende Gegenstände.

Retabel Altaraufsatz, Bildtafel(n) und/oder Schrein.

Rippe Verstärkendes Konstruktionselement eines Gewölbes.

Risalit Senkrechter vorspringender Teil einer Gebäudefassade über deren gesamte Höhe.

Rollwerk Bandartiges Ornament, dessen Enden sich einrollen.

Rustika-Quaderung Mauerwerk aus Steinquadern, deren Ansichtsseite nur grob behauen ist (rusticus, lat. ländlich).

Scheidbogen Begrenzung eines Joches in der Längsrichtung, trennt das Mittel- vom Seitenschiff.

Schlußstein Oberster Stein im Scheitelpunkt eines Bogens oder eines Kreuzrippengewölbes.

Schwibbogen Freistehender Bogen zwischen zwei Mauerteilen, auch Strebebogen im gotischen Kirchenbau, der Horizontalschübe auffängt.

Spolien Wiederverwendete Baumaterialien (meist Kapitelle, Friese usw.).

Stichkappengewölbe Tonnengewölbe, das rechtwinklig von kleineren Tonnen (Stichkappen) durchdrungen wird. Die Stichkappen ermöglichen die Anbringung großer Fenster.

Strebepfeiler Der Abstützung von Wand und Gewölbe dienender Pfeiler an oder vor der Wand (dann mit einem Strebebogen mit ihr verbunden).

Tabernakel 1. Gehäuse zur Aufbewahrung der Eucharistie.
2. Ziergehäuse, zumeist über Figuren.

Tambourkuppel Kuppel über einem runden oder vieleckigen (polygonalen, oft durchfensterten) senkrecht stehenden Fuß.

Tonnengewölbe Einfachste Form eines Gewölbes mit halbkreisförmigem Querschnitt.

Triumphbogen 1. Freistehender Bogen zu Ehren römischer Kaiser oder Feldherren.
2. Bogen zwischen dem Mittelschiff und der Vierung in einer Kirche, steht quer zur Längsachse.

Vesperbild Darstellung Mariens mit dem Leichnam Christi auf dem Schoß (Pietà).

Vierung Raumteil im Schnittpunkt von Lang- und Querhaus.

Villa suburbana Römische Vorstadt- oder Landvilla.

Volutengiebel Dreiecksgiebel mit einem großen, schneckenförmig aufgerollten Dekorationselement an jeder Seite.

Welsche Haube Halbkugelförmige, aber spitz auslaufende Bekrönung eines Turmes (auch ‘Zwiebeldach’).

Wimperg Gotischer Ziergiebel über Portalen und Fenstern.

Zeltdach Dach aus vier gleichen dreieckigen Dachflächen, mit steilem Neigungswinkel, auch als Turmdach.

Zwerggalerie In der Mauer ausgesparte Arkadenreihe auf kleinen Säulen oder Pfeilern.

Zwerchhaus Dachhäuschen mit Giebel und großem Fenster, das bündig in der Fassade steht.

REGISTER

Zusammengefaßt sind Brunnen, Kirchen und Museen.

Baedekers

Ihr Stadtführer

Programm

Augsburg	001
Bamberg	002
Basel	090
Berlin (kleine Ausgabe)	004
Berlin (große Ausgabe)	101
Bonn	066
Bremen/Bremerhaven	060
Darmstadt	083
Freiburg	010
Hannover	058
Heidelberg	013
Konstanz	062
Leipzig	025
Lübeck	019
Mainz	074
Mannheim	021
Nürnberg	024
Regensburg	026
Trier	030
Wiesbaden/Rheingau	076